东南大学优秀教材建设立项项目

数字桥梁
点云构模与建养评估

熊 文　朱彦洁　蔡春声　著

东南大学出版社
·南京·

图书在版编目(CIP)数据

数字桥梁：点云构模与建养评估 / 熊文，朱彦洁，
蔡春声著. —南京：东南大学出版社，2024.10
ISBN 978-7-5766-1000-0

Ⅰ. ①数… Ⅱ. ①熊… ②朱… ③蔡… Ⅲ. ①数字技术—应用—桥梁工程 Ⅳ. ①U44-39

中国国家版本馆 CIP 数据核字(2023)第 223859 号

责任编辑：贺玮玮　　责任校对：韩小亮　　封面设计：毕　真　　责任印制：周荣虎

数字桥梁：点云构模与建养评估
Shuzi Qiaoliang: Dianyun Goumo Yu Jianyang Pinggu

著　　者：	熊　文　朱彦洁　蔡春声
出版发行：	东南大学出版社
出 版 人：	白云飞
社　　址：	南京市四牌楼 2 号　邮编：210096
网　　址：	http://www.seupress.com
经　　销：	全国各地新华书店
印　　刷：	广东虎彩云印刷有限公司
开　　本：	787 mm×1092 mm　1/16
印　　张：	9.5
字　　数：	175 千字
版　　次：	2024 年 10 月第 1 版
印　　次：	2024 年 10 月第 1 次印刷
书　　号：	ISBN 978-7-5766-1000-0
定　　价：	49.00 元

本社图书若有印装质量问题，请直接与营销部联系。电话(传真)：025-83791830

前言 / PREFACE

　　随着信息技术的飞速发展,大数据、人工智能、数字化等技术层出不穷,推动了桥梁工程的数字化与智能化发展。在"数字中国""交通强国"国家战略以及"新基建"发展理念导向下,桥梁的传统管养策略、日常检修组织、故障诊断水平很难适应当前全新的国家战略导向,以数字化为基石的现代智能交通基础设施发展显得尤为重要。高度数字化的非接触信息识别是桥梁智能检测的核心,可面向桥梁建管养全过程,其不断发展促使着智慧桥梁的快速实现,特别是在"数字中国""交通强国"国家战略以及"新基建"发展理念下显得尤为重要。

　　本书针对人工智能在桥梁工程中的应用基础研究前沿领域,全面展示东南大学交通学院桥梁工程系面向"数字中国""交通强国""新基建"等国家需求的最新研究成果,并且以马鞍山长江大桥(悬索桥)、芜湖第二长江大桥(斜拉桥)、深中通道(跨海大桥)等国家重点工程为应用案例进行深入阐述。具体包括非接触式检测的理念突破、数字化识别的理论创新,以及成套装备的技术研发,充分体现了以问题为导向、理论联系实际的研究理念。

　　本书分为4篇10章,主要介绍桥梁数字化技术在桥梁建管养全过程阶段的理论方法与应用。从数字化构模与智能建养的概念和范畴开始,介绍现阶段非接触识别的前沿技术与数字化内涵;重点针对三维激光扫描技术,以三维点云模型为全数字化载体,通过对多个不同类型桥梁建养应用案例的全面分析,详细阐述桥梁数字化构模、快速识别算法与智能建养评估理论与方法。特别对如何将数字化非接触识别技术应用到不同的桥梁建管养场景中进行了实际应用和深度分析。本书突出问题导向、理论联系实际的指导思想,结合国家重点工程,强化知识的工程应用,建立了完整的桥梁数字化构模与智能建养架构。

　　本书既可面向大专院校科研机构的科研工作者,又可面向一线的桥梁建管养技术人员。

配套讲解视频

 01　桥梁点云模型质量提升

 02　桥梁构件尺寸检测

 03　数字化预拼装

 04　长大桥空间形态识别

 05　长大桥斜拉索空间形态识别

目录 / CONTENTS

第1篇 绪 论

第1章 桥梁数字化建管养技术背景 / 3

1.1 桥梁建造技术现状 / 3
    1.1.1 桥梁施工技术现状及存在问题 / 3
    1.1.2 桥梁施工设计现状及存在问题 / 4
1.2 桥梁管养技术现状 / 4
    1.2.1 桥梁管养技术现状概述 / 4
    1.2.2 现阶段桥梁管养技术存在的问题 / 5
1.3 数字化技术背景 / 6
    1.3.1 数字化检测技术发展背景 / 6
    1.3.2 三维激光扫描技术发展背景 / 7
1.4 桥梁建管养与数字化技术融合发展的趋势 / 10
    1.4.1 桥梁建造数字化 / 10
    1.4.2 桥梁管养数字化 / 11

第2章 桥梁数字化构模技术背景 / 12

2.1 桥梁检测智能化趋势分析 / 12
2.2 桥梁检测非接触需求分析 / 13
    2.2.1 传统接触式检测方法的劣势 / 13
    2.2.2 非接触式检测方法和传统接触式检测方法的对比 / 13
2.3 基于数字化点云的结构检测技术 / 14
    2.3.1 基于数字化点云进行结构检测的使用 / 15
    2.3.2 基于数字化点云进行结构检测的步骤 / 15

第2篇 基于三维激光扫描的桥梁数字化构模技术

第3章 基于三维激光扫描的桥梁点云模型获取与优化 / 19

3.1 数字化点云模型介绍 / 19
3.2 桥梁点云模型获取方法 / 20
 3.2.1 三维激光扫描技术 / 20
 3.2.2 三维激光扫描仪原理 / 21
3.3 桥梁点云模型拼接原理与过程 / 23
 3.3.1 拼接原理 / 24
 3.3.2 拼接过程 / 25
3.4 桥梁三维激光扫描测站优化布置 / 30

第4章 桥梁点云模型质量提升理论与方法 / 32

4.1 桥梁点云模型误差分析与质量评价方法 / 32
 4.1.1 点云模型的误差分析 / 32
 4.1.2 点云模型的质量评价 / 35
4.2 桥梁点云模型质量提升方法 / 36
4.3 桥梁点云模型修补技术 / 39
 4.3.1 点云边界检测 / 39
 4.3.2 点云孔洞修复 / 42
4.4 桥梁点云数据曲面重建 / 44

第3篇 桥梁建造期数字化构模、识别与评估技术

第5章 工业化桥梁混凝土构件数字化建档与质量智能评定 / 51

5.1 应用场景与依托项目介绍 / 51
 5.1.1 应用场景 / 51
 5.1.2 应用智慧梁场工程概况 / 52
5.2 三维激光扫测现场实施方法 / 54
 5.2.1 测站位置选择 / 54
 5.2.2 扫描结果要求 / 55

5.2.3　点云的预处理　/　56
5.3　桥梁预制混凝土梁体空间尺寸智能识别与误差评定　/　57
　　5.3.1　建立三维坐标系　/　57
　　5.3.2　边界及角点提取　/　59
　　5.3.3　误差评定　/　61
5.4　桥梁预制混凝土梁体表面平整度智能识别与质量评定　/　62
　　5.4.1　点云的分割　/　62
　　5.4.2　基准平面的确定　/　64
　　5.4.3　表面平整度分布可视化呈现　/　65

第6章　工业化桥梁钢构件数字化预拼装及其系统研发　/　67

6.1　应用场景与依托项目介绍　/　67
　　6.1.1　应用场景　/　67
　　6.1.2　依托项目介绍　/　68
6.2　三维激光扫测现场实施方法　/　70
　　6.2.1　测站位置选择　/　70
　　6.2.2　扫描结果要求　/　71
　　6.2.3　点云的预处理　/　71
6.3　桥梁预制钢梁节段拼接匹配度评价方法　/　73
　　6.3.1　建立三维坐标系　/　73
　　6.3.2　基于设计点云的去噪　/　74
　　6.3.3　几何特征的提取与几何尺寸的评估　/　74
　　6.3.4　拼接匹配度的评估　/　75
6.4　桥梁预制钢梁数字化预拼装系统与平台　/　78

第7章　桥梁建造空间形态非接触数字化监控　/　80

7.1　应用场景与背景桥梁介绍　/　80
7.2　三维激光扫测现场实施方法　/　84
　　7.2.1　三维激光扫描对象与工况确定　/　84
　　7.2.2　三维激光扫描现场实施　/　84
7.3　桥梁建造空间形态精细化识别与变化跟踪　/　86
　　7.3.1　桥梁建造阶段点云模型　/　86

7.3.2　点云模型测线与坐标系选取　/　87

7.3.3　空间形态识别与跟踪　/　89

第4篇　桥梁服役期数字化构模、识别与评估技术

第8章　桥梁建造方量快速实测与超方精准评定　/　95

8.1　应用场景与背景桥梁介绍　/　95
    8.1.1　应用场景　/　95
    8.1.2　背景桥梁介绍　/　96

8.2　三维激光扫测现场实施方法　/　96

8.3　面向方量快速测算的箱型主梁点云模型处理方法　/　99

8.4　桥梁建造超方精准评定方法　/　101

第9章　桥梁服役空间形态非接触数字化识别　/　102

9.1　应用场景与背景桥梁介绍　/　102

9.2　三维激光扫描现场实施方法　/　104
    9.2.1　山区高墩桥梁三维激光扫描现场实施原则　/　104
    9.2.2　三维激光扫描现场实施方法　/　106
    9.2.3　山区复杂环境对测站选位的影响　/　108

9.3　桥梁服役空间形态精细化识别　/　111
    9.3.1　桥梁点云配准算法　/　111
    9.3.2　基于配准算法的桥梁空间形态精细化识别　/　114

9.4　桥梁形态变化分析与服役状态评估　/　116
    9.4.1　基于局部变形的形态变化分析与服役状态评估　/　116
    9.4.2　基于支承条件的形态变化分析与服役状态评估　/　117

第10章　跨江缆索支承桥梁空间线形非接触数字化测量　/　119

10.1　应用场景与背景桥梁介绍　/　119

10.2　三维激光扫测现场实施方法与辅助设备研发　/　121
    10.2.1　激光滑移现象与扫测辅助设备研发　/　121
    10.2.2　主梁扫测现场实施方法　/　124
    10.2.3　桥塔扫测现场实施方法　/　126

10.2.4　主缆扫测现场实施方法　/　129

10.3　跨江悬索桥主梁、桥塔与主缆空间线形精细化识别　/　130

　　10.3.1　主梁空间线形精细化识别　/　130

　　10.3.2　桥塔纵横向空间变位精细化识别　/　132

　　10.3.3　主缆空间线形精细化识别　/　135

10.4　跨江悬索桥吊索更换空间线形变化识别与监控　/　138

　　10.4.1　跨江悬索桥吊索更换及过程　/　138

　　10.4.2　基于三维激光扫描的吊索更换过程缆梁空间线形识别　/　139

第 1 篇
绪　论

第 1 章

桥梁数字化建管养技术背景

本章首先回顾了当前桥梁工程中施工建造和管理养护时所面临的问题，引出新时代下的发展挑战与机遇。通过介绍主要数字化技术的发展背景和特点，点出这种技术能为桥梁建管养带来的契机和革新。最后，介绍数字化技术服务于建管养过程的现状和趋势。

1.1 桥梁建造技术现状

1.1.1 桥梁施工技术现状及存在问题

新时期我国桥梁工程建设取得了快速发展，特别是施工经验和理论知识都得到了扩充。与此同时，随着科学技术的发展，桥梁施工技术也得到了极大的提升，不断更新建设工程的面貌。随着新技术的不断涌现，桥梁工程施工技术需要进一步研发，以满足质量与技术方面日益提升的要求，使我国桥梁建设更上一层楼。

目前我国的桥梁施工技术还存有许多不足，不能满足越来越高的质量需求，还有很多需要改进的地方。例如：

（1）桥梁施工技术无法满足桥梁质量要求。虽然各类技术被不断引进和研发，但是新型技术与新型材料之间契合度尚不高，无法满足桥梁施工所面对的复杂环境，使得桥梁整体强度不足、使用寿命远达不到预期效果等各种问题频发。

（2）桥梁施工管理技术存在严重不足。目前的桥梁施工管理技术着重对各个环节的独立管理，缺乏一种整体性的监管系统，如从项目伊始到结束对施工进行有机的统筹规划。

1.1.2 桥梁施工设计现状及存在问题

现行的施工设计方式难以高效应对越来越复杂的结构体系。桥梁施工设计对象主要为桥梁施工中所用的大型临时结构，包括基础施工的钻孔平台及围堰、墩身施工的模板及支架或挂篮等，目前设计过程中使用 CAD（Computer Aided Design）技术绘制设计图纸。随着社会不断向前快速发展，桥梁结构形体越来越新颖、越来越复杂，大型临时结构需要与桥梁结构相匹配，设计人员需在较短的时间内完成大规模复杂临时结构的高质量设计，同时还面临着桥梁具体施工时的条件与设计时的不同，临时结构需要进行多次修改，严重制约着桥梁施工设计的发展。

现行 CAD 技术包含二维设计技术和三维设计技术，其中三维设计技术中的三维建模不可逆，在设计过程中只是起辅助作用，常用的还是二维设计技术，主要通过三视图（立面图、平面图及侧面图）、剖面图描述一个三维结构体。CAD 技术在具体设计过程中所遇到的困难有：

（1）图纸信息表述烦冗。二维设计技术是把三维的结构体用离散的线条和文字设计在平面上表达出来，具体表述某个构件时，为了更好地描述其空间位置，需要把与之相关联的构件示意出来，并配文字加以说明。

（2）设计过程中协同困难。大型、复杂的临时结构往往由多个设计人员共同完成，若某个设计人员在具体设计过程中发现局部不满足要求，需要改变结构形式，就需要与其他设计人员进行沟通，重新修改绘制图纸，这样可能会出现反反复复的修改，从而影响设计整体进度。

（3）设计质量难以控制，影响施工。在 CAD 二维设计技术中，对同一个结构构件，需要使用多个视图才能表达。同一个构件需要绘制多次，效率低下。一旦方案发生变化，许多地方都需要重新绘制，加上时间紧迫，容易造成一些细节的遗漏，进而误导现场施工人员，导致设计与实际不符，影响工期，增加施工成本。

1.2 桥梁管养技术现状

1.2.1 桥梁管养技术现状概述

交通运输是一个国家的经济命脉，道路与桥梁则是使交通运输能够畅通无阻的载体。尤其是桥梁，作为交通枢纽更是起着至关重要的作用。自 20 世纪 80 年代中期以来，我国开始了大规模的交通基础设施建设，完成了数万亿的建设投资。中国已经成为世界桥梁大国，这是不争的事实，但桥梁大国并不等于世界桥梁强国，我国桥梁的综合水平尚有待提高。例如，在桥梁材料、设计规范、施工设备、队伍素质、桥梁耐久性、桥梁的养护管理等方面，均与发达国家和世界领先水平存有较大差距。国内外著名的桥梁与结构专家、中国工程院院士项海帆在一次报告中指出：中国桥梁的建设速度常常使外国同行发出"难以置信"的惊叹。过于匆忙的设计周期和施工工期并不是一件好事，它带来了许多遗憾，留下了不少质量隐患。一些美籍华人同行在参观了中国的桥梁工地后，已经多次发出了警告："中国的桥梁可能不到 30 年就要出现维修的高潮。"由此可见，我国桥梁安全形势不容乐观，我国桥梁的养护与管理将面临新的挑战。

依据美国的相关统计数据，设计寿命平均为 75 年的桥梁实际使用年限平均为 44 年，洲际桥梁仅为 39 年。据统计，我国早在 20 世纪 90 年代末时就已经有 40% 的桥梁使用年限在 25 年以上，现在这部分桥梁也基本上达到实际的使用年限。尽管我国还没有开展全国范围的桥梁病害现状普查，但我国桥梁的实际状态比这些统计结果严重得多。桥梁的这种状况已经引起了各级公路管理部门的重视，对桥梁的养护维修和加固工作越来越紧迫地提到各级公路管理部门的议事日程上来。如何养护管理好现有的桥梁，保持桥梁的完好工作状态，延长其使用寿命，这一课题已摆在我们的面前。

1.2.2 现阶段桥梁管养技术存在的问题

我国桥梁数量大，对应的养护工作重、难度大。现阶段桥梁管养呈现出以人工管养为主、其他技术为辅的特点。因此，存在的问题基本与人工管养有关。人工管养主要通过技术人员在桥梁现场巡查，发现桥梁缺损病害后人工判定桥梁受损情况，并制定维修养护计划、维修养护方案，最后组织维修养护的实施。

人工桥梁管养也暴露了许多问题，主要体现在以下几个方面：①传统以人工为主的巡查、检测难以确保管养的覆盖率及时效性。结构自动化监测、监控系统受限于其高昂的部署和维护成本，难以大范围推广。②桥梁结构随着服役年龄的增长，将不可避免地面临材料劣化、结构损伤、性能退化等问题，且交通荷载、运行环境等因素也可能因地理位置和时间的不同产生变化，动态跟踪结构状态的变化便成了难题。③桥梁分布广泛、数量众多、形式各异，如何在有限的资金条件下对区域内桥梁进行优先级划分及运维策略制定，进而促使所有桥梁的安全都维持在一个水平线上，目前仍是一个亟待解决的复杂的多目标优化问题。④桥梁从建设筹备开始到寿命期终止会产生大量的信息，但信息的标准化、数字化水平不高，导致在进行运维决策时容易形成信息孤岛，无法分析病害的成因和发展过程，也无法对损伤的严重程度进行合理的评判，更无法采取有效的养护措施。

1.3 数字化技术背景

1.3.1 数字化检测技术发展背景

在桥梁检测技术[①]方面，智能化无损检测和数字化是桥梁检测的发展方向，尤其是以图像识别技术、声波CT技术、雷达等为代表的智能检测技术在桥梁外观损伤、内部缺陷检测中的应用越来越广泛。

在桥梁外观损伤检测上[②]，图像识别技术由于其远距离、非接触的检测方式和精度高、速度快的优点，逐渐应用到结构外观检测领域，成为桥梁外观检测的发展方向。图像识别技术是指通过目标区域的图像采集，利用计算机对图像进行处理和分析，以识别检测目标和对象的技术。该方法通过提取图像特征数据，并与设定的阈值进行比较，从而确定裂缝或其他缺陷特征。某试验梁裂缝识别示意见图1.1。

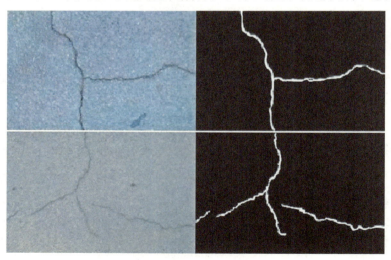

图1.1 裂缝的图像法识别

[①] 贺拴海,赵祥模,马建,等.公路桥梁检测及评价技术综述[J].中国公路学报,2017,30(11)：63-80.
[②] 周清松,董绍江,罗家元,等.改进YOLOv3的桥梁表观病害检测识别[J].重庆大学学报,2022,45(6)：121-130.

声波 CT 技术[①]使用声波穿透混凝土，由于受混凝土内部孔隙率、密实性、弹性模量等影响，声波产生能量衰减，根据透射波走时和能量衰减特征，采用计算机方法重建声波穿透混凝土的速度和吸收系数的分布，实现混凝土内部成像。由于混凝土波速与弹性模量、剪切模量、密度等有关，当混凝土密实性差，内部出现疏松、空隙和空洞时，声波穿透混凝土衰减快、波速降低。因此，混凝土的声波速度可作为混凝土密实性和强度评价的定量指标。

雷达法通过发射电磁脉冲至被测介质，根据电磁波传播到目标物反射回来的时间来确定目标物的深度和位置（图 1.2）。利用电磁波在不同介质的反射特性差异，将接收到的雷达信号经计算机软件处理后形成雷达图像［图 1.2（b）］。图 1.2 中 $X_0 X_i$ 为雷达发射天线与接收天线之间距离，t_t 为 t 时刻的时间，X_t 为 t 时刻探地雷达（GPR）的位置。由于物体的电磁特性主要由相对介电常数和电导率决定，而混凝土、金属和空气间的电磁性能均存在明显差异，故可采用雷达法进行混凝土中空洞和裂缝的检测。

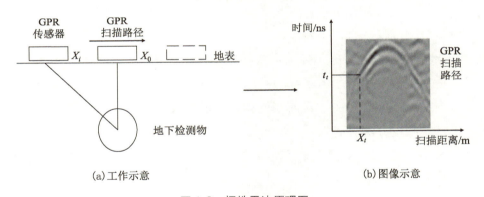

(a) 工作示意　　　　　　(b) 图像示意

图 1.2　探地雷达原理图

1.3.2　三维激光扫描技术发展背景

三维激光扫描技术[②]是一种全自动、全方位、高精度的立体扫描技术。该技术利用三维激光扫描仪对目标物体进行无接触扫描，获取目标物体表面各点空间坐标，并依据三维空间点坐标数据构造出目标物体三维点云模型。该方法突破传统测绘技术中单点采集的形式，实现目标物体表面数据三维信息的快速高精获取与呈现，最终完成三维点云模型构建。三维激光扫描技术主要涵盖三个方面：三维激光

---

① 张莉，孙锐，李建. 声波 CT 技术在桥梁混凝土加固工程中的研究与应用[J]. 施工技术，2017，46(24)：121-124.
② 李小路，曾晶晶，王皓，等. 三维扫描激光雷达系统设计及实时成像技术[J]. 红外与激光工程，2019，48(5)：35-42.

扫描仪点云数据获取、点云数据配准处理和点云模型分析。

1) 三维激光扫描仪

采用三维激光扫描仪进行点云数据采集，是三维激光扫描技术用于实际桥梁检测中的重要步骤。与传统测量技术仅可对桥梁进行单点采集不同，三维激光扫描仪可针对目标实体进行海量点三维坐标数据测量，可实现对目标实体的全方位、全自动高精度扫描，从而得到完整、全面、连续、相关联的全景点坐标数据。这些大量密集的点数据被称为点云，而点云的最终呈现即为目标实体三维模型。

目前，全球三维激光扫描仪的制造商有几十家，成功研制了各种型号的三维激光扫描仪，包括微、短、中、长等各种距离要求的三维激光扫描仪。微、短距离的三维激光扫描仪通常用于工业制造领域，技术已十分成熟；中、长距离的三维激光扫描仪已广泛应用于大型建筑物测量、地形测量、数字城市、机载激光测量和矿山测量等方面，应用前景广阔。目前，中、长距离的三维激光扫描仪有效长距测程可达 1 000 m 以上，扫描精度可达毫米级，扫描速度单秒可达 120 000 点。

三维激光扫描仪具有以下特点：

① 非接触测量：仅通过非接触式测量方法，就可快速采集物体表面点的三维信息，尤其适用于检测位于恶劣环境的目标物体。

② 采样密度高且效率高：目前三维激光扫描仪采样点速度单秒可达 120 000 点，比传统单点式测量方法更高效。

③ 自动化程度高：采用三维激光扫描仪可实现点云数据自动采集，检测人员的工作强度降低。

④ 建模便捷：可通过三维激光扫描仪配备软件，实现自动化点云模型构建与全景点云模型展示。

⑤ 点云模型分辨率高且精度高：通过对目标实体高密度采集海量三维数据点云数据，可实现高分辨率、高精度的技术优势。

本书中实验均采用地面固定式三维激光扫描仪，该扫描仪由激光测距系统、激光扫描系统和支架系统三部分组成，其获取目标物体表面三维坐标信息的关键在于激光测距系统。三维激光扫描仪的工作方式有脉冲激光测距方法、相位式激光测距方法，以及基于激光雷达或光学的三角测量方法，这三种方法仅在激光测距方法上有所区别。桥梁检测中的三维激光扫描仪大多采用脉冲激光测距方法，也有部分采用相位式激光测距方法。脉冲式激光扫描仪主要采用脉冲激光测距法，即飞行时间法（Time of Flight，TOF），其通过由脉冲激光发射到反射被接收的时间计算得到扫描点到仪器的距离 S，该方法测距范围可达百米以上，但在过大的范围内扫描测距时，精度相对较低。相位式激光扫描仪则是依据相位偏移技术测量距离，即对激光束进行幅度调制并测定调制光往返测线一次所产生的相位延迟，再根据调制光的波长换算此相位延迟所代表的距离 S，该种激光扫描仪相较于脉冲式激光扫描仪扫描范围小，但精度高，可达毫米级。

2）三维激光扫描技术在桥梁领域中的应用

在桥梁领域中，依据三维激光扫描技术采集得到的桥梁三维点云数据可以获取模型的彩色图像信息、查询点坐标、提取点云模型几何特征、测量距离、监测桥梁变形及修正模型等。

(1) 获取彩色图像信息

三维激光扫描仪不仅可以记录目标物体表面被扫描点的三维坐标信息，还可以获取目标物体的彩色照片，且将照片附着于三维点云模型上，在查看点云模型的同时也可以获取目标物体的彩色图像信息。

(2) 查询点坐标

采用三维激光扫描技术获取的桥梁点云模型是由海量的三维坐标点组成的。通过查询点云模型中任意点的三维坐标值，可以获取待测物任意位置的三维坐标值。

(3) 测量距离

专业的点云处理软件可以直接测量点云模型中点与点之间的距离，可以获取两点间的直线距离、水平方向距离以及垂直方向距离。部分学者通过测量先后两年的跨中点之间的竖向距离，获取跨中挠度变化值。

(4) 提取点云几何特征

使用 Cloud Compare、Geomagic Design、Polyworks 等点云处理软件，可以提取点云的几何特征。例如，通过查询桥梁中轴线上点的坐标，可以获取桥梁线形。利用改进后的 RANSAC 算法对桥底面横梁进行空间直线拟合，生成多条底面横梁空间直线，并作与桥轴线平行且垂直于桥面的平面。该平面与空间直线的交点高程即为底面横梁的高程，连接所有交点即可得出主桥的下挠曲线，可用于主梁的下挠状态分析。依据三维点云模型，不仅可以提取几何特征，还可以提取目标特征物体。从点云数据中分割提取出桥梁部分的点云，剔除桥梁周围树木等，即使在部分桥梁不完整的情况下也能完整地提取出桥梁并在实例中得到验证。

(5) 监测桥梁变形

通过比较桥梁在不同时间点的点云数据，可以获取桥梁随时间发生的变形。具体地说，可以通过测量不同时间点云模型中对应点的距离，获取某一时间段内桥梁的变形情况。不仅可以获取单个点的变化情况，还可以将桥梁点云中所有点的变化值直观呈现出来，通过用不同的颜色对不同大小的变化值进行标识，可以直观地看出桥梁各处的变形大小。利用三维激光扫描技术可以直观呈现桥梁整体结构各个部分的变形情况，实现变形可视化，有助于桥梁结构的快速诊断。

(6) 修正模型

根据修正对象进行分类，模型修正可分为矩阵模型修正和设计参数模型修正两类。根据修正信息的来源，模型修正又可以分为基于动力的 FEMU、基于静力的模型修正、联合静动力的模型修正。例如对静载试验前和静载试验中的桥梁进行三维激光扫描，根据桥梁在静载试验时的受力情况及挠度变化，反算结构的弹性模量。由于传统的测量手段只能单点测量，因而有限元修正大部分只是利用了静动力学信息，没有使用几何信息。而三维激光扫描技术可以得到全面的结构尺寸信息，有学者依据桥梁三维点云模型对有限元模型进行了几何修正。例如根据已有的桥塔点云数据，提取桥塔的几何特征和约束关系，然后依据所得参数建立桥塔有限元模型。

1.4 桥梁建管养与数字化技术融合发展的趋势

1.4.1 桥梁建造数字化

近年来，我国积极推进建筑工业化的发展，新型装配式建筑工业化、产业化和现代化的水平不断提高。此外，在数字技术驱动的新浪潮之下，以优化设计、BIM技术①、3D打印技术②、机器人技术为代表的数字建筑设计与建造理念③成为新的趋势，产业链绵长而复杂的建筑业迎来创新的机遇和挑战。

数字化技术对装配式混凝土结构产生了较大影响，采用三维激光扫描技术对混凝土预制构件进行数字化建档、尺寸检定、平整度质量检测成为新的趋势。钢结构数字化建档和装配式混凝土数字化建档相似。钢结构桥梁数字虚拟预拼装是指，利用数字技术并采用计算机设备进行可视化的三维模拟预拼装。相比实体预拼装，该方法具有无须占用场地、安全性高、成本低、可以生成直观的报告等优点。随着三维激光扫描技术的快速发展，基于激光点云数据的数字虚拟预拼装越来越受到预拼

---

① 祝兵,张云鹤,赵雨佳,等.基于 BIM 技术的桥梁工程参数化智能建模技术[J].桥梁建设,2022,52(2)：18-23.
② 何凡,李丙涛,付佰勇.3D 打印技术及其在公路桥梁中的应用探讨[J].公路,2019,64(2)：105-109.
③ 《中国公路学报》编辑部.中国桥梁工程学术研究综述·2021[J].中国公路学报,2021,34(2)：1-97.

装领域学者们的关注。在桥梁的施工监测上，采用 BIM 技术对大跨度桥梁施工进行全方位、精确的检测与反馈是施工检测上的新热点。

1.4.2　桥梁管养数字化

城市数字化治理的转型升级，是我国在新时代关于网络强国、数字中国、智慧社会战略部署，提升城市核心竞争力，坚持以人民为中心开展城市建设和运行工作的客观要求。道路交通基础设施是保障城市正常生产、生活的重要载体，是区域经济实力和现代化水平的重要标志，担当着城市生命体系正常运行的"动要素通道"重任。

桥梁是道路交通基础设施的重要组成部分，既承载着繁重的交通任务，又面临诸多突发和渐变风险。由于交通量大、环境复杂、桥梁体量大等因素，存在桥梁巡检频度不高、可达性不好、人员安全风险高等桥梁管养问题。随着桥梁服役时间的不断增长，我国桥梁的管养任务将越来越重，客观上要求构建桥梁设施智能化、数字化、服务功能综合化的现代管养体系。

桥梁管养工作包含桥梁日常巡查、检测评估、监控监测、养护维修等多个业务，现代信息与通信技术和人工智能技术等数字化技术的引入，极大地提高桥梁管养能力。物联网技术[①]是将各种物理对象连接到互联网，利用在桥梁结构中不同类型的传感器或机器人实现实时数据采集，由大数据进行桥梁结构健康状况识别，提高桥梁的整体管养效率和安全性。数字孪生技术[②]是利用数字技术构建桥梁物理实体的虚拟三维几何模型，通过实时监测、仿真和数据分析，实现桥梁全生命周期的智能化管理。云计算技术[③]是通过将计算资源、数据存储和分析功能迁移到云平台，可以实现桥梁设施更高效、更灵活的运营和维护。三维激光扫描技术通过快速获取桥梁详细的三维点云数据，精确测量桥梁几何尺寸、监测结构变形和缺陷，通过对比历史数据，分析桥梁的长期变化趋势，进行桥梁结构健康监测和维护规划，显著提升了桥梁检测和维护的准确性和效率。

---

① Zhen P，Jun L，Hong H．Development and experimental verification of an IoT sensing system for drive-by bridge health monitoring [J]．Engineering Structures，2023，293．

② Sakdirat K，Mohannad A，Manwika K，et al．Digital Twins for Managing Railway Bridge Maintenance, Resilience, and Climate Change Adaptation [J]．Sensors，2022，23 (1)．

③ 李帆．云计算技术在桥梁结构健康监测中的应用 [J]．公路，2022，67 (4)：177—181．

第 2 章

桥梁数字化构模技术背景

本章将从传统接触式检测方法切入,回顾现有桥梁检测技术面临的问题,进而引出对非接触检测的热切需求。综合比较,归纳总结非接触式检测方式的优势,并针对当前建管养全过程以点云技术为重点,分析非接触式检测的技术需求,及其在桥梁检测过程中的应用情况。

2.1 桥梁检测智能化趋势分析

目前,公路桥梁检测主要针对外观损伤、内部缺陷、力学性能及几何参数等方面进行[1],传统检测方法主要分为人工观测、接触式检测。人工观测依靠检测人员通过观察裂缝宽度、支座锈蚀情况等对桥梁状态进行判断,需借助支架、桥检车等设备接近结构[2]。该方法效率低、工作强度大,对检测人员的专业知识和经验要求较高。因其检测结果受检测人员的知识水平和主观判断影响较大,可靠性较低,一般应用于问题桥梁的初筛。接触式检测通常指利用测力计、应变计、加速度计、位移计等传感器接触被测物进行测量。这类检测方法的优点在于可获得观测对象内部信息以及高精度的局部相对变形信息,并且可实现长期连续的自动化观测。但这类检测方法仅可监测桥梁的局部形变状态和相对形变状态,无法实现桥梁整体形变监测。实际研究表明[3],由桥梁局部形变较大导致的桥梁破坏多为局部破坏,多种局部形变相互影响可能导致桥梁结构发生较大形变,而这类较大形变极易造成桥梁损坏,所以各类局部形变都不大并不能说明桥梁安全。此外,在采用百分表、接触式挠度仪等仪器进行测量的过程中,需要在待测位置下方搭设检测支架并安装仪器,而当桥下不便搭设支架

---

[1] 贺拴海,赵祥模,马建,等. 公路桥梁检测及评价技术综述[J]. 中国公路学报,2017,30(11):63-80.
[2] 王春生,陈惟珍,陈艾荣. 桥梁损伤安全评定与维护管理策略[J]. 交通运输工程学报,2002(4):21-28.
[3] 姚冰,赵启林,芮挺,等. 非接触式检测混凝土桥梁裂缝的测距法[J]. 中国市政工程,2009(3):38-40.

时，无法使用该方法进行检测[①]。尤其对于山区高墩大跨径桥梁，检测人员难以靠近桥梁结构，且难以架设支架。因此，接触式检测方法在应用于周围环境恶劣的桥梁时具有较大局限性。

2.2 桥梁检测非接触需求分析

2.2.1 传统接触式检测方法的劣势

传统的桥梁检测方法一般需要大量人力进行现场检测，如果遇到特殊桥位的重大检测项目，可能还需使用检测车或搭建支架，费时费力。具体来说，传统接触式检测方法主要有以下几个缺点：

① 检测效率低：效率和工人熟练度息息相关，需要人工采集数据，总体效率低下。

② 检测精度低：基本依靠检测人员的肉眼观察，容易受到检测人员主观因素的影响。

③ 工程量和劳动量大：传统的接触式检测方法需要人工接触检测，需要安装脚手架或吊索等辅助设备；检测结束后还需要拆除，工人需要人工测量，费时费力。

④ 成本高：大量使用人力，数据采集成本高。

⑤ 安全性低：需要人工进入高空作业，具有一定危险性。

⑥ 信息化程度低：信息化时代，桥梁养护和检修工作的记录对桥梁全生命周期的管理很重要，大量数据需要被记录存档，人工作业的信息化程度低，不利于长期的桥梁管养。

2.2.2 非接触式检测方法和传统接触式检测方法的对比

随着科技进步，非接触式检测方法已经能够取代传统接触式检测方法，对桥梁检测工作影响巨大，显著提高了检测工作的安全性、经济性、效率性，降低了检测成本。例如：

1) 桥梁混凝土构件表面平整度测量

以往的桥梁混凝土构件表面平整度测量工作需要工人使用米靠尺进行混凝土构

---

① 高怀志, 王君杰. 桥梁检测和状态评估研究与应用[J]. 世界地震工程, 2000(2): 57-64.

件表面平整度测量，然而这种传统的测量方法主要依靠人工观察，准确度低；且通常使用的米靠尺长度为 2 m，测量一根 20 m 长的混凝土梁需要移动米靠尺 10 次，费时费力；同时，每 2 m 被分割成一个独立的部分，每次测量只能测得 2 m 节段的相对平整度，无法测出梁整体的平整度。

在桥梁混凝土构件表面平整度测量工作中，三维激光扫描技术可以有效替代传统的人工测量。依据构件梁体的三维点云模型，通过计算机对各个待测表面进行分割提取，对整个表面进行数据拟合计算，最终可以得到表面平整度的数据。相比于人工测量，三维激光扫描测量更加精准、便捷。

2) 桥梁表面结构破坏检查

桥梁表面结构破坏检查工作通常需要检测人员用肉眼进行观察，一些隐蔽部位容易被忽视，同时一些部位检测人员也难以抵达，即便是检测人员容易检测的区域，也可能因为人工疏忽而忽视表面结构的破坏。

利用无人机对桥梁表面进行检测就解决了上述痛点。无人机体形小巧，可以自由升降，摆脱了传统人工检测时的空间限制。通过无人机影像，可以快速对桥梁表面的缺陷进行定位和拍照。这种非接触式检测提高了对桥梁表面结构破坏检查的便捷性、精确性，降低了人工劳动成本。

3) 桥梁振动的监测

桥梁振动的参数对桥梁性能的评定至关重要，传统的人工检测需要定时去桥梁特定部位进行测试，这种方式无法实时监测桥梁的振动状态。随着网络科技的发展，智能传感器的应用解决了这一问题。通过网络技术，智能传感器可以将数据实时反馈给监测系统，实现全天候桥梁振动监测①。

非接触式检测方法取代传统接触式检测方法的实例远远不止这些，因篇幅有限，此处不再一一举例。

2.3 基于数字化点云的结构检测技术

本节将重点介绍基于三维激光扫描的点云检测技术。

---

① 邵泽龙, 张祥坤, 李迎松. 干涉雷达在高铁桥梁振动检测中的应用[J]. 电子测量技术, 2019, 42(1): 95-98.

2.3.1 基于数字化点云进行结构检测的使用

由第 1 章的内容我们已经了解了三维激光扫描技术的基本原理，通过三维激光扫描可以获得三维点云模型，由此我们可以对桥梁外形的模型进行研究。通常来说，我们可以使用这项技术对桥梁结构进行构件几何外形检测、桥梁位移形变检测、检测模型辅助建立等工作。

2.3.2 基于数字化点云进行结构检测的步骤

一般来说，使用三维激光扫描的点云检测技术进行桥梁结构检测需要进行以下工作步骤：

（1）采集数据。为采集点云数据，需要实地架设仪器进行测量。在测量过程中，为了保证测量的质量与精细度，同一部位需要按照一定的间隔和角度分多站扫描，以保证全结构可以被清晰、完整地扫描出来。扫描前需要在梁体四周选定适合架设仪器的位置，以保证仪器和工作人员的安全。有时还需要在合适的地方设置标靶球、标靶等标记物，以方便后续的拼接工作。

（2）拼接配准。由于不同测站扫描结果的范围有限，因此需要借助技术手段将不同测站的扫描结果拼接成一个完整的结构体，即将不同坐标系内的点通过坐标转换到同一个空间坐标系中，以便于后续工作的开展。在拼接过程中，需要利用一定的方法来增加拼接的质量，如利用标靶球拼接、利用特殊形状拼接、智能配准等。

（3）降噪。在扫描的过程中，难免会存在干扰物，比如梁的临时支架、养护用管线、标靶球、钢筋甚至飞虫等，这些干扰物不属于梁体本身，会影响检测工作的进行。除此之外，拼接过程中还可能出现因失误导致重影的现象。这些因干扰与失误产生的不相关的点统称为噪点，在检测梁体的几何外形之前需要将其去除。

（4）选取参考目标并进行模型检测。经过前 3 个步骤，我们获得的点云模型已经可以使用了，此时需要选取合适的参考对象进行检测。例如，在检测梁桥跨中位移量时，就可以将跨中的点和参考的基准点进行对比；在检测混凝土构件表面平整度时，就可以选取表面各个点拟合的平面作为参考平面，计算各点和参考平面间的距离。

第 2 篇

基于三维激光扫描的桥梁数字化构模技术

第 3 章

基于三维激光扫描的桥梁点云模型获取与优化

本章对基于三维激光扫描的点云技术进行了具体介绍,重点阐述其基本测量原理、常用仪器、模型拼接和测站布点等理论和技术。

3.1 数字化点云模型介绍

点云是包含了目标表面特性的海量点的集合[①]。通常基于三维激光扫描的点云模型包含 3 个部分:三维坐标(XYZ)、激光反射强度(Intensity)和颜色(RGB)(图 3.1)。三维坐标是点云模型最基本的组成成分,它体现了物体表面的空间形态。激光反射强度是激光扫描仪接收装置采集到的回波强度,此强度信息与目标的表面材质、粗糙度、入射角方向,以及仪器的发射能量、激光波长有关。颜色信息通常是通过相机获取彩色影像,然后将对应位置的像素的颜色信息(RGB)赋予点云中对应的点[②]。

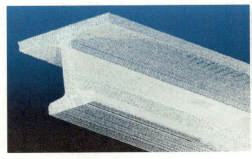 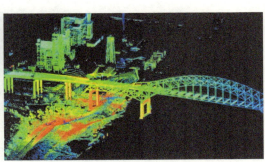

(a) 只有三维坐标的点云　　　　　　(b) 带有反射强度信息的点云

图 3.1　点云模型

---

① 王昌硕,王含,宁欣,等.基于局部区域动态覆盖的 3D 点云分类方法[J].软件学报,2023,34(4):1962-1976.
② 尹恒,王立娟,裴尼松,等.三维激光扫描技术在危旧桥梁健康监测中的应用研究[J].中外公路,2021,41(5):187-192.

基于三维激光扫描仪得到的点云模型具有以下特点：

1) 模型获取简单

仅需一台三维激光扫描仪并选择合适的测站，就能快速、准确地获取点云模型。操作人员通过设置合适的参数，扫描过程就可自动实现，真正实现"所见即所得""实景复现"。

2) 点的密度大、精度高

目前，扫描仪获取的点云密度最高可达毫米级，点的绝对精度已达亚毫米级，满足多种测量场景。

3) 模型通用性好

点云模型包含多种保存格式，各个扫描仪生产厂家独特的文件格式均可转化为".txt"".xyz"等通用格式，并被其他的图像处理软件编辑。

4) 模型可处理性强

点云模型的本质为一系列点的三维坐标，可以通过多种数学方法直接对坐标点进行处理分析，因此在数据处理方面自由度极高。

3.2 桥梁点云模型获取方法

3.2.1 三维激光扫描技术

三维激光扫描技术是一种全自动、全方位、高精度的立体扫描技术[①]。该技术利用三维激光扫描仪对目标物体进行无接触扫描，获取目标物体表面各点空间坐标，并依据三维空间点坐标数据构造出目标物体三维点云模型。该方法突破传统测绘技术中单点采集的形式，实现目标物体表面数据三维信息的快速高精获取与呈现，最终完成三维点云模型构建。

三维激光扫描仪具有以下特点：

① 非接触式测量：仅通过非接触式测量方法就可快速采集物体表面点的三维信息，尤其适用于检测恶劣环境下的目标物体。

② 采样效率高：目前，三维激光扫描仪采样点速度单秒可达 120 000 点，比传

---

① 韦征,周臻,俞旻韬,等.基于三维激光扫描点云整体分析的铁路隧道超欠挖检测方法[J].铁道学报,2023, 45(1):135-140.

统单点式测量方法更高效。

③ 自动化程度高：采用三维激光扫描仪可实现点云数据自动采集，检测人员工作强度低。

④ 建模便捷：可通过三维激光扫描仪配备软件实现自动化点云模型构建与全景点云模型展示。

⑤ 点云模型分辨率高且精度高：通过对目标实体高密度采集海量三维点云数据，可实现高分辨率、高精度的技术优势。

3.2.2 三维激光扫描仪原理

三维激光扫描仪主要有3类，即手持式三维激光扫描仪［图3.2（a）］、车载/机载三维激光扫描仪［图3.2（b）（c）］和地面三维激光扫描仪（图3.3）。基于桥梁的几何特征和所处环境，本书采用地面三维激光扫描仪进行扫描。

（a）手持式三维激光扫描仪　　　　　　（b）车载三维激光扫描仪

（c）机载三维激光扫描仪

图3.2　不同类型三维激光扫描仪

地面三维激光扫描仪主要由激光测距系统、激光扫描系统和支架系统三部分组成。其中，支架系统主要用于支撑仪器；激光扫描系统主要用于旋转仪器、发射和接收激光等等；激光测距系统是最重要的部分，用于测量目标到仪器的距离。图3.3展现了一款常用的地面三维激光扫描仪。图3.4展示了三维激光扫描仪的工作原理。

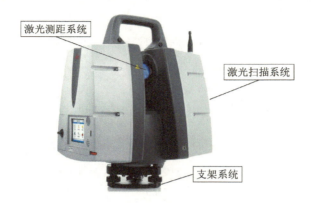

图3.3　ScanStation P50 三维激光扫描仪

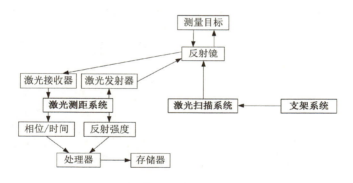

图3.4　三维激光扫描仪工作原理示意图

三维激光扫描系统的几何测量原理基本相同，即通过激光发射点与目标之间的距离，结合激光发射器的位置和姿态信息进行联合计算，得到目标区域的点云的三维坐标 (X,Y,Z)。三维激光扫描仪的工作方式有脉冲激光测距方法、相位式激光测距方法和基于激光雷达或光学的三角测量方法[1]，这三种方法仅在激光测距方法上有所区别。桥梁检测中的三维激光扫描仪大多采用脉冲激光测距或相位式激光测距方法。

脉冲测距法（Time of Flight，TOF）获取扫描目标点云坐标的原理为：根据内部精密的测量系统获取发射出去的激光光束的水平方向角度 α 和垂直方向角度 θ；通过由脉冲激光发射到反射被接收的时间计算得到扫描点到仪器的距离 S。同时，

---

[1] 郭献涛.基于地面三维脉冲激光扫描技术的变形监测若干问题研究[J].测绘学报，2021，50(4)：568.

激光扫描仪根据其所接收的反射激光的强度，对扫描点进行颜色灰度的匹配。对于激光扫描仪而言，采样点是系统局部坐标，扫描仪内部为坐标原点，X 轴和 Y 轴通常位于局部坐标系的横向扫描面上且相互垂直，Y 轴为扫描仪扫描方向，Z 轴为垂向方向，见图 3.5。由此，可得扫描目标点 P 的坐标（X_s，Y_s，Z_s）的计算公式，见式（3-1）。在拼接不同站点的点云数据时，需要根据公共点的坐标进行变换，从而统一到同一个坐标系统中。该方法测距范围可达近千米，但在过大的范围内扫描测距时，精度相对较低。

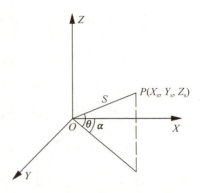

图 3.5 三维激光扫描仪获取的点坐标

$$X_s = S\cos\theta\cos\alpha$$
$$Y_s = S\cos\theta\sin\alpha$$
$$Z_s = S\sin\theta$$

（3-1）

本书采用的脉冲式三维激光扫描仪为徕卡公司的 ScanStation P50，如图 3.3 所示。

相位式激光扫描仪则是依据相位偏移技术测量距离，即对激光束进行幅度调制并测定调制光往返测线一次所产生的相位延迟，再根据调制光的波长，换算此相位延迟所代表的距离 S。角度测量原理同脉冲式。该种激光扫描仪相对于脉冲式激光扫描仪扫描范围较小。本书采用的相位式三维激光扫描仪为法如公司的 Focus S350，如图 3.6 所示。

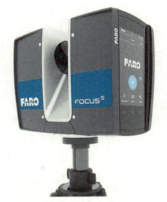

图 3.6 法如 Focus S350 三维激光扫描仪

3.3 桥梁点云模型拼接原理与过程

受三维激光扫描仪的视野限制和周围环境物的遮挡，三维激光扫描仪仅能扫描到视野范围内未被周围环境物遮挡的被测物体表面，难以扫描到待测物体背面以及被遮挡部分，即"所见即所得"。在实际的数据采集过程中，三维激光扫描仪获得的单次扫描结果通常无法得到被测物体的完整几何信息，因此，物体完整的表面点云数据采集往往需要通过多次不同测站点的测量来完成。而从不同测站点获得的点云数据用于坐标原点不同，点云数据之间通常存在一定的平移和旋转误差，物体表面的同一点在不同测站获得的点云数据中具有不同坐标。因此，需要将从不同测站获取的点云数据统一到相同的坐标系下，以形成被测物体完整的三维点云模型。使用合适的方法将不同测站所获点云数据统一到相同坐标系下的过程，即为点云数据的拼接。其实质是对任意位置两部分具有重叠区域的点云进行相互配准的过程。

3.3.1 拼接原理

三维点云配准本质上是一个有约束的最优化问题，即在仅发生刚体变换（平移和旋转）的约束下，使两个点云中相对应的点尽可能地重合。

假定两站采集到的点云分别为点云 P 和点云 Q，点云 P 中各点的三维坐标为 $P_i(x,y,z)$，点云 Q 中各点的三维坐标为 $Q_i(x,y,z)$，其中点 P_i 和点 Q_i 为对应的同名点。为了将点云 P 中点的坐标转换到点云 Q 中的坐标下，需要对点云 P 进行刚体变换，这里通过刚体变换矩阵来实现点云 P 的刚体变换。刚体变换矩阵包括平移矩阵 T 和旋转矩阵 R，刚体变换可表示为：

$$\begin{bmatrix} X \\ Y \\ Z \end{bmatrix} = \boldsymbol{R} \begin{bmatrix} x \\ y \\ z \end{bmatrix} + \boldsymbol{T} \tag{3-2}$$

$$\boldsymbol{R} = \begin{bmatrix} 1 & 0 & 0 \\ 0 & \cos\alpha & -\sin\alpha \\ 0 & \sin\alpha & \cos\alpha \end{bmatrix} \begin{bmatrix} \cos\beta & 0 & \sin\beta \\ 0 & 1 & 0 \\ -\sin\beta & 0 & \cos\beta \end{bmatrix} \begin{bmatrix} \cos\gamma & -\sin\gamma & 0 \\ \sin\gamma & \cos\gamma & 0 \\ 0 & 0 & 1 \end{bmatrix} \tag{3-3}$$

$$\boldsymbol{T} = \begin{bmatrix} t_x \\ t_y \\ t_z \end{bmatrix} \tag{3-4}$$

目前，计算刚体变换矩阵主要是通过最小二乘法进行迭代，从而求解得到相应的变换矩阵。常用的算法有：单位四元数法[1]、正交矩阵法[2]、对偶四元数法[3]、奇

---

[1] Leitz T, Leyendecker S. Galerkin Lie-group variational integrators based on unit quaternion interpolation [J]. Computer Methods in Applied Mechanics and Engineering, 2018, 338: 313-361.

[2] Horn B K P, Hilden H M, Negahdaripour S. Closed-form solution of absolute orientation using orthonormal matrices[J]. Journal of the Optical Society of America A, 1988, 5(7): 1127.

[3] Bektas S. A new algorithm for 3D similarity transformation with dual quaternion[J]. Arabian Journal of Geosciences, 2022, 15(14): 1-9.

异值分解法①（即 SVD 法）以及其他衍生方法。

点云配准均是首先求解同名点转换矩阵，再根据转换矩阵进行点云配准，最终呈现整体三维模型。因此，如何求解转换矩阵是各种点云配准方法的研究关键点。目前，也已有成熟的软件可用作点云数据配准的工具，如：Cloud Compare、Faro Scene、Leica Cyclone 等。

3.3.2 拼接过程

点云配准过程一般包括两个部分：初始配准和精细配准②。在对不同测站的点云进行配准的过程中，如果两个待配准点云之间距离或旋转变化过大，精细配准方法的速度和配准精度将显著降低，所以首先需要对点云进行初始配准。

1）初始配准

点云初始配准的主要工作是在两站点云中寻找特征一致的点、线或面，使两站点云中的同名标识物一一对应，计算刚体变换矩阵并将其应用于待配准点云，使不同测站的点云模型尽可能重叠，以便于后期精细配准的实施。

如何找到适合点云数据的特征描述子及其在不同测站点云中的对应关系，并求解出刚体变换矩阵，是初始配准研究的关键③。

由于不同站点云数据分别有各自的坐标系，通常同一个点在不同点云数据中的三维坐标并不相同，因此仅依据点的三维坐标信息无法得到点云中点的对应关系，需要通过点及其邻域内点集的分布规律才能将不同站点云数据较好地对应起来，这些点集的规律则被称作特征描述子。不同学者们提出了多种可用于初始点云配准的特征描述子，如点特征快速直方图、概率密度分布、点表面法向及曲率信息等。在进行点云初始配准时，可根据点云数据的特点采用不同的特征描述子，而特征描述子必须满足：在刚体变换、不同点云采样密度以及有噪声点的情况下，依然能准确获取同一块区域不变的表面特征。

点云的特征描述子通常从点及其邻域点集的特征和规律中获取，因此需要对点云中单个点进行邻域点集的搜索。搜索某一单个点邻域的方法为：首先计算所有点云数据到该点的距离，然后设定一定的邻域范围，将距离满足条件的点集作为该点

---

① Li Y X, Sun L M. Structural deformation reconstruction by the Penrose-Moore pseudo-inverse and singular value decomposition-estimated equivalent force[J]. Structural Health Monitoring, 2021, 20(5): 2412-2429.

② 熊文,李刚,张宏伟,等.基于点云数据与工程知识的桥梁形态变化识别方法[J].湖南大学学报（自然科学版）,2022,49(5): 101-110.

③ 解则晓,徐尚.三维点云数据拼接中 ICP 及其改进算法综述[J].中国海洋大学学报（自然科学版）,2010,40(1): 99-103.

的邻域。

K 邻域搜索、R 半径搜索及范围搜索是最为常见的点邻域搜索方法①。K 邻域搜索通过选取与某个单点距离最近的 K 个点作为该点的邻域点集；R 半径搜索通过选取与某个单点的距离在 R 范围内的点作为该点的邻域点集；范围搜索则是在某个单点以 R 为半径的球范围内搜索到的与该点最近的 K 个点作为邻域点集。不足的是，上述算法搜索直接使用时工作量大、效率低，如果预先对点云数据所在的三维空间进行合理空间结构的规划和分层，且在邻域搜索时可以根据位置快速查询访问空间内的点云数据，则邻域搜索速度可以得到极大的提升。

目前，常用于邻域搜索的空间分层结构包括：octree② 和 kd-tree③。octree 的空间分层方式是将每个大正方体空间平均划分为 8 个正方体，其原理为：首先将点云数据的平行轴包围盒设定为第一个大正方体，然后设定递归最大限值，并划分立方体直至该限值。若划分时子立方体与父立方体所存储的单位元素数量相同，为了避免立方体无穷细分，该立方体无须进一步划分。kd-tree 是一个二进制树结构，空间体会被一个轴对齐的平面划分成两个体积不同的体，而不像 octree 划分为立方体。kd-tree 可在体的任意位置利用平面划分体，一般采用沿体方差最大维度上的重心点划分子空间体，或采用方差最大维度上最大值的一半位置进行划分。与 octree 类似，若划分时子空间体与父空间体所存储的单位元素数量相同，则该体无须进一步划分。

在点云邻域搜索过程中，如果可以减少非必要空间结构体的访问，搜索速度将显著提高。在 kd-tree 中，遍历顺序可以根据空间体内包括的点集与单点的距离来设定，极大地减少了不必要的点集遍历。而在 octree 中需要进行的步骤有：分割面的邻近计算，对距离排序以及为每个空间选择遍历顺序，算法复杂且计算效率低。因此，点云中邻域搜索的空间分层大多通过 kd-tree 来建立。

目前，常用的点云初始配准方法主要有全手动大致配准方法、基于辅助标识的配准方法、基于表面几何特征的配准方法以及基于 RANSAC 的配准方法④。

全手动大致配准方法是在点云处理软件的三维视图下，手动调整两个点云模型

---

① 陈辉,黄晓铭,刘万泉. 基于动态网格 K 邻域搜索的激光点云精简算法[J]. 控制与决策,2020,35(12)：2986-2992.

② Junqi Z. A massively parallel explicit solver for elasto-dynamic problems exploiting octree meshes[J]. Computer Methods in Applied Mechanics and Engineering, 2021, 380: 113811.

③ Yang D Z. Ultra-fast analog ensemble using kd-tree[J]. Journal of Renewable and Sustainable Energy, 2019, 11(5): 053703.

④ Wu Q H, Liu J C, Gao C, et al. Improved RANSAC point cloud spherical target detection and parameter estimation method based on principal curvature constraint[J]. Sensors, 2022, 22(15): 5850.

的空间位置,将它们的共同部分大致对齐。这是最简单的初始配准方法,但是该方法不仅对人工劳动的需求量很大,而且仅凭人的感觉进行对齐容易出现较大的误差。当点云较相似时,人工甚至可能没法判断共同部分,风险很大。全手动大致配准见图3.7。

图3.7 全手动大致配准

基于辅助标识的配准方法是通过人工取两站点云之间的同名点、线或者面进行配准,但人工选择点、线或面无法做到十分精确,易发生选取错误的情况,且人员工作量大,因而该方法使用较少。为了改进该方法"同名标识物选择准确性不高"的缺陷,在扫描时放置或者张贴适当数量的控制标靶,如球形标靶、平面标靶等,见图3.8。在点云处理时通过对标靶的识别,选取同名标识物。但该方法需要在扫

(a)球形标靶　　　　　　　　　(b)黑白平面标靶

图3.8 扫描仪使用的标靶

描现场放置标靶，现场环境复杂时，可能出现标靶遮挡物体表面或标靶被周围环境物遮挡的情况，从而增加工作量和扫描难度。

针对基于表面几何特征的配准算法，学者们首先获取了在刚体变换下不发生变化的表面几何特征描述子，如点云表面曲率、表面法线等，再依据特征的相似性，将两站点云中的特征对应起来，最终进行点云配准、求解变换参数。Jean-Philippe Thirion 等人[1]选取点云中局部点云的曲率变换极值点作为特征点，配准效果较好，但算法较为复杂。Chitra Dorai 和 Anil K. Jain[2] 根据表面曲率值进行点云表面分类，通过球面映射建立起相应的直方图信息，以直方图信息的相似度进行点云配准。Jun Jiang 等提出了一种以点云法线夹角为特征的点云配准方法，但法线特征易受噪声点影响，法线夹角特征识别准确度较低，点云配准结果精度较低。Cagatay Basdogan 等[3]提出了一种以点云中点与其 K 邻域点集重心点的距离为特征描述子的点云配准方法。此外，还有学者将多种特征结合，进一步提高了不同点云特征之间对应的准确度。王蕊等[4]首先以点云曲率为特征将点进行对应，然后利用法线向量特征剔除错误配对，再进行点云配准。基于特征的配准算法需要大量的时间来提取特征，然后根据特征求解变换参数，且点云特征描述子的准确度容易受噪声点的影响，配准精度相对不高。此外，对于点云特征不明显的情况，采用基于特征的配准算法很难获得正确的结果，适用性不强。

RANSAC（Random Sample Consensus）是一种随机抽样方法，属于基于无特征的配准方法，无论点云数据有无明显的特征，都能实现配准。基于 RANSAC 的配准方法首先通过算法将错误点或发生变化的点剔除，然后利用剩下的点云数据进行配准。该方法可以避免噪声点或发生变化的点对配准结果产生影响，是稳健的配准算法。经典的 RANSAC 算法有较强的抗噪性和稳定性，但因其迭代次数没有上限，配准效率低，在指定的迭代次数之内得到的结果可能不是最优的，甚至可能是错误的。之后在此基础上，许多学者对 RANSAC 算法在点云配准中的应用进行了大量研究。

---

[1] Thirion J P. The extremal mesh and the understanding of 3D surfaces[J]. International Journal of Computer Vision，1996，19(2)：115-128.

[2] Dorai C, Jain A K. COSMOS：a representation scheme for 3D free-form objects.[J]. IEEE Transactions on Pattern Analysis and Machine Intelligence，1997，19(10)：1115-1130.

[3] Basdogan C. A new feature-based method for robust and efficient rigid-body registration of overlapping point clouds[J]. The Visual Computer，2008，24(7)：679-688.

[4] 王蕊，李俊山，刘玲霞，等.基于几何特征的点云配准算法[J].华东理工大学学报(自然科学版)，2009，35(5)：768-773.

2）精细配准

在已经完成初始配准的情况下，两站点云已经实现了粗略的重合，接着需要通过精细配准方法进行点云的准确重合。此时，精细配准不再需要通过识别点云的特征来进行，仅需要直接通过点云中各点的三维坐标信息去寻找对应关系，最终求解变换矩阵并对点云实施刚体变换。

目前，使用最为广泛的点云配准算法是 Besl 和 McKay[①] 以及 Chen 和 Medioni[②] 在 1992 年分别提出的两种 ICP 算法。Besl 和 McKay 提出的 ICP 算法首先根据欧式距离最近点对应的原则，建立两站点云中点与点之间的对应关系，并以对应点之间的距离作为误差测度，然后利用四元数法求解变换矩阵，通过反复迭代直到误差测度符合误差要求，从而得到最终的变换矩阵。与 Besl 和 McKay 提出的 ICP 算法不同的是，Chen 和 Medioni 提出的 ICP 算法以点到面的距离作为误差测度，然后进行迭代计算，并最终得到满足误差要求的变换矩阵。这两种 ICP 算法迭代框架大致相同，被称为传统的 ICP 配准算法。

传统的 ICP 算法是基于最小二乘法的最优匹配方法，首先根据欧式距离最近点对应的原则，建立两站点云中点与点之间的对应关系，然后通过迭代最小化对应点之间欧式距离的平方和，从而求解变换矩阵，最终对点云进行刚体变换。该算法的具体思路为：对于给定参考扫描点云 $P=\{p_i \mid p_i \in \mathbf{R}^3, i=1,2,\cdots,m\}$ 和待配准点云 $Q=\{q_i \mid q_i \in \mathbf{R}^3, i=1,2,\cdots,n\}$，首先遍历点云 Q 中的每一个点 q_i，在点云 P 中搜索与点 q_i 距离最小的点作为对应点，确定点云中点的对应关系，然后计算变换矩阵，并基于最小二乘原理，选择可使得对应点之间欧式距离平方和最小的矩阵为最终的变换矩阵。

传统 ICP 算法具有精度高、不需要提取特征的优点，但也存在一些不足：每次迭代都要搜索最近点，工作量大，效率低；对初始姿态要求较高，否则容易发生局部最小解的情况；当两站点云重叠部分较小时，配准结果可能不准确。在传统 ICP 算法的基础上，许多学者提出了改进的 ICP 算法，主要针对改善配准方法、减少采样点数目以及改善误差度量方法等方面进行改进，以提高配准算法的精度、效率和鲁棒性。

---

① Besl P J, McKay N D. A Method for Registration of 3-D Shapes[J]. Proceedings of SPIE — The International Society for Optical Engineering, 1992, 14(3)：239-256.

② Chen Y, Medioni G. Object modeling by registration of multiple range images[J]. Image and Vision Computing, 1992, 10(3)：145-155.

3.4 桥梁三维激光扫描测站优化布置

由于点云拼接是误差的主要来源之一，所以在设置测站时应尽可能以最少的站数扫描全部的目标。具体到每一站，也应该选择最合适的位置，以提高单站点云的质量。针对三维激光扫描仪和桥梁的特点，在布置测站时应注意以下几点：

1) 支撑稳定

三维激光扫描仪属于精密测量仪器，因此在测量时必须保证处于稳定的环境下，不能有来自外界的大幅振动。对于大中跨度桥梁，比如大跨度悬索桥和斜拉桥，车辆和风带来的桥体振动往往不可忽略，必须选择稳定的环境设站，比如桥底的地面上或者塔梁墩固结处。由于仪器扫描时会有轻微的震动，所以最好选用实木三脚架等较重的支撑设备，并保持较大的张角。

当外界振动幅度过大时，仪器会直接报错，从而中断扫描。

2) 视野开阔

相对于其他形式的扫描仪，地面三维激光扫描仪的主要缺陷是极易受视野影响。为了减少测站数，在单站扫描到更多的目标是十分必要的。所以测站位置必须具有良好的视野，应尽量避开遮挡物，以提高扫描的完整性。

3) 测站与目标的角度合适

当测站与目标之间的角度过小时，激光的反射强度会大大降低，对点云的采集精度造成明显影响甚至采集不到点云。因此在扫描时应尽量选择目标的正面扫描，与目标保持一定的垂直距离。测站与目标之间的角度 θ_i 建议应大于 30°，见图 3.9。

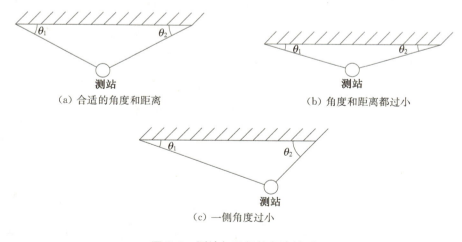

图 3.9 测站与目标的角度关系

4) 测站与目标的距离合适

不同的三维激光扫描仪有不同的量程，但都是距离越近测得的点云精度越高、密度越大。因此在环境允许的情况下，应尽可能让目标与仪器的直线距离在量程的80%之内，以得到高质量的点云模型。

5) 在测站之间选择合适的距离

为了减少测站的布置数量，应合理地选择测站间距，事先规划好每一站扫描的范围。在使用标靶拼接时，标靶与仪器之间有最远识别距离的限制，这也要求测站之间的距离不能过远。

6) 选择合适的扫描参数

三维激光扫描仪最核心的设置参数有3个，即扫描范围、分辨率和质量（灵敏度）。

（1）扫描范围。扫描范围包括量程选择、竖直角范围和水平角范围。选择的量程越大，激光扫描密度就越大，扫描速度也就越慢。竖直角范围只影响扫描的竖直范围，不会影响扫描时间。水平角范围不仅会影响水平的扫描范围，也会影响扫描时间，提高水平角范围会显著提高扫描所需的时间。

（2）分辨率。分辨率会影响点云的密度，在高分辨率模式下，扫描仪会用更多的时间在一块区域内采集更多的点。

（3）质量（灵敏度）。高质量选项下扫描仪增加了捕获每个扫描点所需的时间，并通过多次测量来确认数据，然后对结果取平均值，这将捕获更集中于扫描区域中对象的点。质量设置也采用了降噪，通过算法识别扫描点之间的距离差异判断扫描点是否为噪声。该算法比较了相互间特定距离内的扫描点，并确定差异是否在指定的容差范围内，如果不是，扫描点将被删除。该参数应根据环境条件选择，在有充分的扫描时间且扫描条件不利的情况下选择高质量参数。不同质量参数对点云的影响见图3.10。

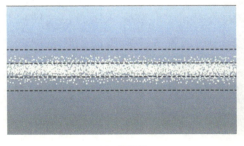

(a) 高质量　　　　　　　　　　(b) 低质量

图3.10　质量（灵敏度）对点云的影响

第 4 章

桥梁点云模型质量提升理论与方法

承接上一章对点云模型获取与优化基本原理和技术的介绍,本章重点对点云方法进行深度剖析,涉及模型误差分析、质量提升、模型修补和形态模拟等高阶模块知识。

4.1 桥梁点云模型误差分析与质量评价方法

4.1.1 点云模型的误差分析

点云模型的误差主要来自两部分,即仪器测量误差和拼接误差。

1) 扫描仪测量误差

(1) 仪器自身的误差

仪器自身的误差包括测距误差和扫描角度误差。这些误差与激光的发散度、旋转棱镜的精度及自动补偿系统相关,可通过后期系统公式自动修正予以减小。

激光发射器向目标物体发射激光脉冲信号,在目标物体表面会形成一个激光光斑,目标物体距扫描仪越远,光斑直径 d 越大。理论上认为,扫描仪测量的距离应该是激光中心轴线投射到目标上位置所对应的数据 S,但实际测量时,扫描仪获得的数据是根据第一次回波来确定的,而该反射点可以是光斑范围内的任意位置。因此,误差往往与测距长度 S 成正比,距离 S 越长,误差越大,称为"比例误差",见图 4.1。测距系统内部激光发射器与反光镜之间还存在一定的距离,使得测得的距离与实际距离存在一个固定的差距,称为"固定误差"。

故测距误差可以用公式来表示:

$$\sigma_{测距} = \pm\sqrt{\sigma_{固定}^2 + (S \times \sigma_{比例})^2} \tag{4-1}$$

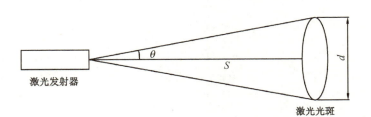

图 4.1 比例误差

扫描角度误差包括水平扫描角度和竖直扫描角度的误差。扫描角度引起的误差主要来自扫描镜面平面角误差、扫描镜转动的微小振动、扫描电机不均匀转动控制误差。

(2) 扫描环境误差

扫描环境误差主要与工作的自然条件与周围环境相关,比如风速、空气湿度、温度等,表现出较大的不确定性,一般通过重复扫描进行平差处理予以减小。

(3) 目标物体反射面相关误差

这类误差往往来自被扫描的目标物体,扫描仪激光发射器发出脉冲信号,抵达目标物体反射面后会发生激光反射,该过程中会因为反射面倾斜或者表面粗糙不光滑而导致测量的距离和角度发生一定的偏差。

当反射面发生倾斜时,其产生的误差见图 4.2。激光光斑直径为 d,激光发射孔径为 D,激光光束发散角为 θ,S 为发射孔径到目标物体表面的距离。由此可求出激光光斑直径:

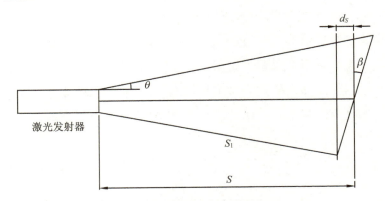

图 4.2 反射面倾斜产生的误差

$$d = D + 2 \times S \times \tan\theta \tag{4-2}$$

当目标物体反射面发生倾斜时,倾斜面与原反射面形成夹角 β。假设反射面倾斜时测量的距离为 S_1,同时可以认为激光发射孔径 D 接近 0。可知:

$$\tan\beta = \frac{S - S_1 \times \cos\theta}{S_1 \times \sin\theta} \tag{4-3}$$

由于 θ 非常小，可以认为 $\sin\theta \approx \theta$，所以反射面倾斜引起的最大偏差 d_S：

$$d_S = S_1 - S = -S \times \theta \times \tan\theta \tag{4-4}$$

当反射面粗糙时，其产生的误差见图 4.3。扫描仪接收的回波脉冲信号可能是激光抵达目标物体反射面后首次反射回来的信号，也可能是最后一次反射回来的信号。若按照首次回波信号来处理，那么目标物体反射面粗糙产生的距离误差 d_S 近似于反射面粗糙最大值 $d_{\max}$ 的 1/2。

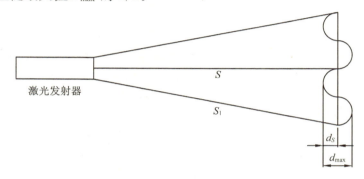

图 4.3 反射面粗糙产生的误差

（4）多路径效应产生的误差

当激光扫描仪对目标物体边缘进行扫描时，产生的光斑落在目标物体边缘上。系统接收到一部分由被测目标物体边缘表面 A 点反射回来的能量，以及另一部分由交界处的相邻物体边缘表面 B 点反射回来的能量，两种不同的反射能量发生干涉，使得系统测距结果产生误差，见图 4.4。如果目标物体边缘交界处其他物体在激光扫描仪有效测程以外，如图 4.4 中所示 C 点，那么系统只能接收到落在目标物体边缘的部分光斑内的能量，因此无法获得该交界点的测量信息。

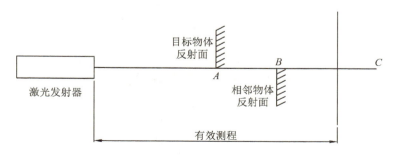

图 4.4 多路径效应产生的误差

2) 不同测站点云数据的拼接误差

由于激光扫描得到的点云具有散乱性，加上算法固有缺陷，多站点云拼接过程难免会产生误差。可通过全站仪 GPS 控制点、标靶拼接以及三维特制点法向量和共线方程平差等多种方式进行处理。

从误差理论而言，点云模型的误差又可以分为系统误差和偶然误差。系统误差可以通过公式和改进测量方法给予修正，而偶然误差的统计特性则须满足高斯分布，方可采用统计方法进行处理。鉴于被测对象表面的粗糙度和点位三维位置的不确定性，获取的点云数据与真实物体表面之间存在差异，造成的同一位置多次扫描点云数据中点是同一个点的概率较小，在不同时间序列点云中难以寻找准确的同名点，也就是说多次扫描理论上不是对同一点的多次观测，其偶然误差的统计特性难以严格满足高斯分布。为了消除这些因素的影响，需要设定置信区间，通过置信区间消除非统计学的误差影响。

4.1.2 点云模型的质量评价

点云模型的质量评价可以分为两部分，即原始数据的质量评价和点云拼接质量评价。

1) 原始数据质量评价

原始数据质量评价可以分为 2 步，即完整性评价和密度评价。

(1) 完整性评价

在扫描过程中经常会发生障碍物遮挡现象，而一些体积小、位置隐蔽的遮挡在扫描时很难被发现。通过导入计算机进行三维可视化观察，可以更准确地判断点云模型的完整程度。为了保证后续处理的准确性，点云模型在具有显著特征的部位必须十分完整，在其他部位可以有少量的细小"孔洞"。

(2) 密度评价

通过点云模型来展现三维模型时，为了体现一定的细节，必须保证有足够的密度。尤其是在目标几何特征的部位，以及远离扫描仪的部分，要关注点云密度是否方便后续分析。对桥梁构件进行分析时，点云密度通常需保持在毫米级，对桥梁整体进行分析时，点云密度在厘米级即可。

2) 点云拼接质量评价

点云拼接质量评价可以分为 2 步，即目视观察和计算平均距离。

(1) 目视观察

对拼接好的点云模型，可以先用剪切框选择一部分点云，调整视角进行观察。

如果观察到明显的分层现象，则说明拼接过程出现了问题，如图 4.5 所示，否则可以认为拼接质量基本合格，如图 4.6 所示。

图 4.5　拼接出现分层

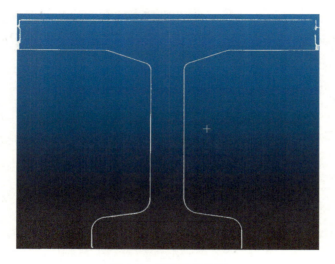

图 4.6　拼接质量较好

（2）计算平均距离

拼接的目标是让两个点云中的对应点之间的平均距离尽可能小。所以拼接完成时需计算基于当前点云条件和配准算法下所能得到的对应点的平均距离。在有标靶拼接时，平均距离一般会在 2 mm 以内；无标靶拼接时，平均距离一般会在 5 mm 以内。数值越小，可以认为拼接质量越好。

4.2　桥梁点云模型质量提升方法

在获取点云数据时，由于设备精度、操作者经验、环境因素等带来的影响，以及电磁波衍射特性、被测物体表面性质变化和数据拼接配准操作过程的影响，点云数据中将不可避免地出现一些噪声点，这属于随机误差①。除此之外，由于受到外界干扰如视线遮挡、障碍物等因素的影响，点云数据中往往存在一些距离主题点云较远的离散点，即离群点，如图 4.7 所示。

图 4.7　梁构件的边缘离群点

这些点云中的噪声点将对后续操作产生显著影响，如果不加以处理将导致后续处理出现较大误差甚至失败。点云滤波则对上述噪声进行过滤，作为点云处理的第一步，对后续处理非常重要。一般以下这几种情况需要进行点云滤波处理：

（1）需要平滑密度不规则的点云数据；

（2）需要去除因为遮挡等问题造成的离群点；

（3）由于数据量过大，需要对其进行下采样；

（4）有明显的噪声数据。

一般来说，滤波对应的方案有如下几种：

1) 按照给定的规则限制过滤去除点

（1）直通滤波②

直通滤波以点云的属性（如 x、y、z 和颜色值等）为依据，在点的属性上设置范围，对点进行滤波，保留范围内或范围外的点。此方法可较快剪除离群点，达到第一步处理的目的。

特点：最简单的滤波方法。

（2）半径滤波③

如图 4.8 所示，半径滤波即以某点为中心画一个圆并计算落在该圆中点的数

---

① Shi C H, Wang C Y, Liu X L, et al. Three-dimensional point cloud denoising via a gravitational feature function. [J]. Applied Optics，2022，61(6)：1331-1343.

② Hu G, Wang W, Zhong Y M, et al. A new direct filtering approach to INS/GNSS integration[J]. Aerospace Science and Technology，2018，77：755-764.

③ 詹总谦,胡孟琦,满益云.多尺度区域生长点云滤波地表拟合法[J].测绘学报,2020,49(6)：757-766.

量。当数量大于给定值时，则保留该点；当数量小于给定值时，则剔除该点。此算法运行速度快，依序迭代留下的点一定是最密集的，但是圆的半径和圆内点的数目都需要人工指定。

特点：主要用于去除明显的离群点，在一定程度上可以用来筛选边缘点。

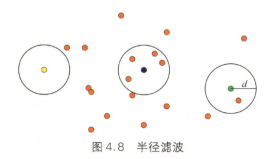

图 4.8 半径滤波

（3）统计滤波①

离群点的特征是在空间中分布稀疏。考虑到这一特征，可以定义某处点云小于某个密度，即点云无效。计算每个点到其最近的 k 个点的平均距离，则点云中所有点的距离应构成高斯分布。根据给定的均值与标准差，可剔除方差之外的点。即使方差之外的点是正确点，由于其过于稀疏，带来的信息也是很少的。

特点：主要根据密度去除离群点，对密度差异较大的离群点去除效果较好。

（4）条件滤波

条件滤波通过设定滤波条件进行滤波，当点云在一定范围内则留下，不在则舍弃。直通滤波是最简单的条件滤波。

2）通过常用滤波算法修改点的部分属性

（1）高斯滤波②

高斯滤波是一种非线性滤波器，采用加权平均的方式。当前点在指定域内的权重根据欧式距离的高斯分布确定，通过权重加权平均的方式即可得到滤波后的点。

特点：高斯滤波平滑效果较好，但边缘角点也会被较大程度地平滑。

（2）双边滤波③

双边滤波是一种非线性滤波法，主要用于对点云数据的小尺度起伏噪声进行

---

① 王张飞,刘春阳,隋新,等.基于深度投影的三维点云目标分割和碰撞检测[J].光学精密工程,2020,28(7):1600-1608.

② Chen M, Zhang D M, Zhao Y, et al. An optimized positioning algorithm based on improved gaussian filtering[J]. Journal of Physics: Conference Series, 2021, 2010(1): 012047.

③ Shao D G, Zhong M, Liu D C. A fast bilateral filter with application to artefact reduction[J]. Computer methods in biomechanics and biomedical engineering, 2015, 18(4): 376-381.

平滑光顺处理。它既能有效地对空间三维模型表面进行降噪处理，又可以保持点云数据中的几何特征信息，避免三维点云数据被过度光滑处理，在一定程度上弥补了高斯滤波的缺点。双边滤波在单纯考虑空间域点位置的高斯滤波基础上，又加上一个维度的权重。在点云处理上，可以称为特征域，即当前点的法向量与临近点的法向量。通过改变两个域上的高斯滤波的方差来平衡平滑效果以及保持边缘的效果。

3) 数据下采样

体素的概念类似于像素，使用 AABB 包围盒将点云数据体素化，一般体素越密集的地方信息越多，噪声点及离群点可通过体素网格去除。如果使用高分辨率相机等设备对点云进行采集，往往点云会较为密集。过多的点云数量会给后续分割工作带来困难。体素滤波器①可以达到向下采样同时不破坏点云本身几何结构的功能。体素滤波效果见图 4.9。

图 4.9　体素滤波效果

此外，还有移动最小二乘法、光滑滤波法等，这里不再赘述。

4.3　桥梁点云模型修补技术

4.3.1　点云边界检测

点云孔洞的存在会影响重构的精度，点云数据边界不仅能够体现被测物体的外部轮廓，还包含了表达曲面特征和孔洞特征所需的重要信息。快速、准确的边界检

---

① 张彬,熊传兵.基于体素下采样和关键点提取的点云自动配准[J].激光与光电子学进展,2020,57(4):109-117.

测是孔洞修补的关键前提。

点云边界的提取方法主要分为两大类：一类是先将散乱点云进行三角化得到三角网格模型，然后根据网格模型相关特点提取；另一类是直接从散乱点云中提取。

1) 三角网格模型边界提取

基于三角网格模型的边界提取算法的主要思想是先对散乱点云进行三角化剖分，得到该点云模型的三角网格；以三角网格的形式表示空间散乱点与点之间的拓扑关系，在三角网格的基础上采用相关算法提取得到点云的边界。

(1) 三维点云数据的三角化。首先建立隐式曲面，然后通过将空间点云向该隐式曲面逼近的方法完成网格模型的重建。宋大虎等[①]将 Delaunay 三角剖分和区域增长的方法进行有机结合，首先根据散乱点云进行 Delaunay 三角剖分得到 Voronoi 图（即 Voronoi 四面体），提取 Voronoi 四面体表面的三角形建立初始三角网格，再根据 Voronoi 角 α 的大小选择种子三角形，并通过区域增长的方式进行重建，最后计算出其中一个三角形的法向量，并以此向量为参考依据，将其余所有三角形的法向量一致化，完成三角网格的构建。

(2) 基于三角网格的边界提取。建立三角网格模型之后，即可根据网格中每条边的相关信息进行边界的确定，基本方法是：如果三角网格中的某一条边只属于一个三角形，那么可以认为这条边就是该网格中的一条边界边，并对该边界边进行标记，将其加入边界边的数组序列中；如果某一条边属于两个三角形共有，也就是说这条边是两个三角形的公共边，那么可以判定这条边是内部边，即可将其标记为非边界边。标记效果如图 4.10 所示。

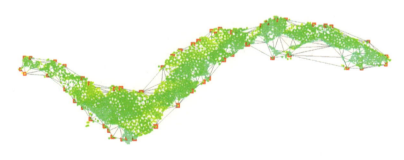

图 4.10　基于三角网格模型的边界提取

(3) 读取边界边数组序列，得到该网格模型的边界边集合，进而得出原有的散乱点云模型的边界点的集合。

---

① 宋大虎,李忠科,孙玉春.三维散乱点云快速曲面重建算法[J].计算机应用研究,2013,30(8)：2527-2529.

基于三角网格模型的边界提取算法能有效提取出点云的边界,其优点是精度比较高,但基于海量点云建立三角网格的过程比较复杂,耗时较多,增加了边界提取的难度。

2) 散乱点云边界提取

这里介绍 2 种散乱点云边界提取的方法。

(1) 孙殿柱等[①]提出了一种基于相邻投影向量之间最大夹角的方法提取散乱点云的边界点。根据采样点及其 K 邻域点拟合微切平面,并将其向微切平面投影,构建由采样点到其 K 邻域的向量,并通过相邻向量之间最大夹角的方法来提取边界特征点,该算法的主要步骤如下:

步骤 1:假设有散乱点集 $P_i(i=0,1,\cdots,n)$,采用 R^*-tree 建立点云拓扑关系并查找散乱点 P_i 的 K 邻域点 $N_j(j=0,1,\cdots,k-1)$,以散乱点 P_i 和 N_j 为局部参考依据。

步骤 2:采用最小二乘法计算空间点 P_i 和 K 邻域点 N_j 的微切平面,并计算该微切面的法向量 $\boldsymbol{n}$。将空间点和 K 邻域点集向微切平面上投影,得到投影点 P'_i 和 $N'_j(j=0,1,\cdots,k-1)$,任意一点 (x_i,y_i,z_i) 投影示意图如图 4.11 所示。

步骤 3:以 P'_i 为起点,连接 P'_i 和 $N'_j(j=0,1,\cdots,k-1)$ 得到微切平面上的各个投影向量 $\overrightarrow{P'_iN'_j}(j=0,1,\cdots,k-1)$,投影向量图如图 4.12 所示。

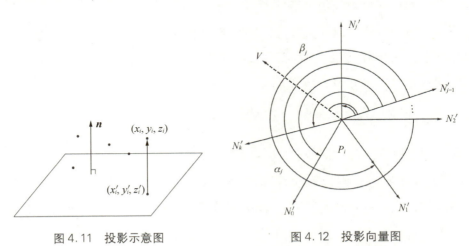

图 4.11 投影示意图   图 4.12 投影向量图

步骤 4:在投影向量中任意选取一个向量(以向量 $\overrightarrow{P'_iN'_{j-1}}$ 为例)为基准,计算

---

① 孙殿柱,范志先,李延瑞. 散乱数据点云边界特征自动提取算法[J]. 华中科技大学学报(自然科学版),2008,36(8):82-84.

其他投影向量与 $\overrightarrow{P'_iN'_{j-1}}$ 的夹角 α_j 与 $V(\overrightarrow{P_jN_{j-1}}$ 与 n 的叉积)的夹角 β_j，β_j 的存在是为了使 α_j 的范围为 $0°\sim180°$，如果 $\beta_j\geqslant90°$，那么 α_j 的大小为 $\alpha_j=360°-\alpha_j$。

步骤 5：计算相邻投影向量之间的夹角 $\alpha_j(j=0,1,\cdots,k-1)$，并进行升序排列，得到最大夹角 φ_i。

步骤 6：识别边界特征点。预先设定判定边界点的阈值 ε，如果 $\varphi_i\geqslant\varepsilon$，则该散乱点为边界点，并进行标记；如果 $\varphi_i<\varepsilon$，则该散乱点不是边界点。

步骤 7：对点集进行循环判断，直到所有散乱点均已判断完毕，边界点提取结束。

(2) 吴禄慎等[1]针对散乱点云模型，采用 kd-tree 法进行 K 邻域搜索，建立以采样点及其 K 邻域点云为参考依据的微切平面，将其向微切平面上投影并对投影点进行参数化处理；然后根据邻域点集在采样点处的场力之和判断点集的平均作用，从而识别点云的边界特征点。从散乱点集中提取边界的步骤如下：

步骤 1：建立散乱点云的空间拓扑关系，并进行点集中采样点的 K 个邻近点的快速搜索，将采样点及其 K 邻域点作为参考点集。

步骤 2：采用最小二乘法计算空间点和 K 邻域的微切平面。

步骤 3：根据邻域点集对采样点的平均场力大小判断采样点是否为边界特征点并分别进行标记，直到散乱点集所有点都判断完毕。

步骤 4：对识别得到的边界特征点进行排序。

步骤 5：识别点云的内外边界，对不同性质的边界应采用不同的连接方法，即对孔洞边界采用直线连接，便于后续处理；对点云的外边界或者内边界采用 NURBS 曲线拟合的方式进行连接。

4.3.2 点云孔洞修复

在对点云数据进行一系列预处理后，为了保证后续模型重构所需的信息完整，需要对识别出的点云孔洞区域进行数据点填充，其填充效果的重要评估指标是孔洞区域新增数据点能否与周围原有点云实现光滑的过渡以及能否恢复原有模型的特征[2]。

针对散乱点云模型孔洞的修复通常可以分两个思路来进行：一种是先对散乱点

---

[1] 吴禄慎，晏海平，陈华伟，等. 一种基于散乱点云的边界提取算法[J]. 计算机应用与软件，2014，31(11)：264-268.

[2] 兰猗令，康传利，王宁，等. 附加增值条件的移动最小二乘法的点云孔洞修补[J]. 红外与激光工程，2023，52(2)：414-423.

云进行三角化等步骤得到网格模型,然后针对带孔洞的网格进行修补以得到完整的网格模型,进而实现孔洞的修复;另一种是在重建网格之前,针对散乱点云模型直接进行孔洞修复。下面分别对基于三角网格和基于散乱点云的孔洞修复算法流程进行简单介绍。

1) 基于三角网格的孔洞修复

张丽艳等[①]提出了一种基于三角网格模型的孔洞修复算法,该算法根据孔洞多边形相邻边之间的夹角大小进行孔洞的填充,其基本步骤如下:

(1) 根据孔洞多边形的各边边长与平均边长之间的关系完成对多边形的预处理。如果边长大于给定的数值(取边长大于多边形平均边长的 2 倍),计算该边的中点,将这条边一分为二,同时更新多边形;否则不更新多边形。循环判断,直到所有边均判断完毕,这样得到的多边形边就趋于均匀。

(2) 将孔洞多边形向特征平面投影,得到特征多边形。其特征平面的定义,即多边形各顶点到该平面距离的平方和最小。以特征多边形的形心为原点 O,以 O 点到其中一个顶点的方向为 X 轴,以垂直于 X 轴的方向为 Y 轴,以特征平面法向量为 Z 轴,建立特征平面中的局部坐标系。

(3) 增加三角形。计算孔洞多边形相邻边之间的内角 θ,并进行升序排列。取其中最小的内角,按如下四种不同的增加方式进行三角片的添加:

① 当 $\theta \leqslant 90°$ 时,生成一个三角片(图 4.13a);

② 当 $90° < \theta \leqslant 135°$ 时,生成两个三角片(图 4.13b);

③ 当 $135° < \theta \leqslant 200°$ 时,生成三个三角片(图 4.13c);

④ 当 $\theta > 200°$ 时,生成两个三角片(图 4.13d)。

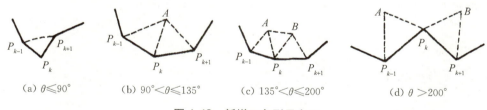

图 4.13 新增三角形示意图

(4) 新增三角片的合法性判断。根据新增三角片在特征平面的投影得到的三条边是否与特征多边形相交,判断该三角片的位置是否合法,若相交,则不合法(如

---

① 张丽艳,周儒荣,周来水. 三角网格模型孔洞修补算法研究[J]. 应用科学学报,2002(3):221-224.

图所示)。如果合法，就将该三角片加入原有的网格中，并进行孔洞多边形的更新。

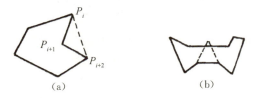

图 4.14 不合法的新增三角形

(5) 重复步骤（3）和（4），直到孔洞多边形被全部填充完毕，结束孔洞的修复。

2) 基于散乱点云的孔洞修复

梅晓俊等[1]提出了一种将复杂孔洞转化为简单孔洞，在孔洞周围提取采样点进行 NURBS 曲线拟合，再利用离散曲线得到采样填充点进行修复的算法，该算法实现简单孔洞填充的过程主要如下：

(1) 采用均匀网格法从孔洞周围的散乱点集中提取采样点，并将这些点保存在数组中。

(2) 以采样点作为插值曲线的型值点，计算 NURBS 节点矢量，控制顶点和权因子。根据计算出来的这些参数，生成经过型值点并且跨过点云孔洞的 NURBS 曲线，拟合出孔洞部分的曲面形状。

(3) 离散孔洞部分的 NURBS 曲线，得到曲线上孔洞部分的点序列，完成孔洞的修复。

以孔洞周围的散乱点为采样依据，采用 NURBS 曲线拟合出孔洞原有形状并离散曲线实现孔洞修复的方法能有效恢复孔洞的原有造型，适用于不同曲率变化的孔洞模型，但是完成整个孔洞的修复需要拟合出多条 NURBS 曲线并进行离散化，而选择拟合所需型值点相对比较困难，影响了孔洞修补的精度。

4.4 桥梁点云数据曲面重建

点云数据曲面重建的目的是利用多边形几何结构描述被测曲面。目前常用的曲面重建算法主要分为 3 类，分别是：多边形网格曲面重建法、参数曲面重建法和隐函数法。

---

[1] 梅晓俊,赵文礼,邵柳东.基于孔洞分割的点云孔洞填充算法[J].机电工程,2008,25(12):56-59.

1) 多边形网格曲面重建法

多边形网格曲面重建法中，以三角剖分法应用最为广泛。其中 Delaunay 算法因其较强的鲁棒性而得到较广泛的关注。Delaunay 算法由 Amenta 等人提出。Amenta 等人[1]首次提出 powercrust 算法，实现三维的 Delaunay 三角化。Sibson 等人[2]实现了在二维空间上计算 Voronoi 图以及 Delaunay 三角化。在 Delaunay 基础上发展起来的 PowerCrust 算法得到了广泛的应用。该算法首先建立 Voronoi 图，通过 Voronoi 图找到极点，并建立 power 图，分离内极点和外极点，最终确定曲面。该算法对闭合的点云有很好的重建效果，重建得到的曲面精细度高，但该算法对数据的采样密度有较高的要求。2000 年，Gopi 等人[3]提出了低纬 Delaunay 三角化的算法，有效地提高了算法的执行效率，然而该算法在曲面变化丰富的情况下不宜使用。

Alpha-shape 也是一种常用的多边形网格曲面重建的方法。Alpha-shape 是由 Edelsbrunner 等人[4]在 1994 年提出的。该方法通过 Alpha 参数控制曲面的重构精度。通过 Delaunay 三角剖分，得到粗糙的曲面模型，再由 Alpha-shape 细分曲面。Alpha-shape 方法实现简单，但是执行效率不高。2000 年，Bernardini 等人[5]基于 Alpha-shape 理论，提出了滚球法（Ball-Pivoting）。该算法事先确定一个球，围绕着网格转动，直到与点云数据中另一个点碰撞，利用该点与网格的边确定新的三角网格。2007 年，张明军等人[6]基于几何库 CGAL 实现了 alpha-shape 点云三角面片重建。2013 年，Lou 等人[7]利用数字形态学（morphological）的方法寻找 Alpha-shape，并完成曲面逆向重建。2015 年，Ganapathy 等人[8]提出了利用 Ray shooting 算法改进 Alpha-shape，使其能够适应存在不信任边界的情况。

多边形网格曲面重建算法时间复杂度高，且对数据量有一定的要求，光滑的重建曲面需要密集点云数据的支持。此外，该类算法对噪声处理不理想，数据噪声处

---

[1] Amenta N, Choi S, Kolluri R K. The power crust, unions of balls, and the medial axis transform[J]. Computational Geometry: Theory and Applications, 2001, 19(2): 127-153.

[2] Sibson R. Locally equiangular triangulations[J]. The computer Journal, 1978, 21(3): 243-245.

[3] Gopi M, Krishnan S, Silva C T. Surface reconstruction based on lower dimensional localized delaunay triangulation[J]. Computer Graphics Forum, 2000, 19(3): 467-478.

[4] Edelsbrunner H, P Mücke E. Three-dimensional alpha shapes[J]. ACM Transactions on Graphics (TOG), 1994, 13(1): 43-72.

[5] Bernardini F, Mittleman J, Rushmeier H, et al. The ball-pivoting algorithm for surface reconstruction[J]. IEEE transactions on visualization and computer graphics, 1999, 5(4): 349-359.

[6] 张明军, 竺长安. 基于 CGAL 的点云三角面片重构[J]. 机械设计与制造, 2007(12): 159-161.

[7] Lou S, Jiang X, Scott P J. Application of the morphological alpha shape method to the extraction of topographical features from engineering surfaces[J]. Measurement, 2013, 46(2): 1002-1008.

[8] Ganapathy H, Ramu P, Muthuganapathy R. Alpha shape based design space decomposition for island failure regions in reliability based design[J]. Structural and Multidisciplinary Optimization, 2015, 52(1): 121-136.

容易出现"褶皱"的现象。

2）参数曲面重建法

参数曲面重建法的基本思想是通过给定的函数，将二维参数域映射到三维空间，求取曲面方程的参数，使得该曲面方程表示的曲面和原曲面足够接近。为了实现参数曲面重建，可以采用插值法求取曲面方程的参数。参数曲面重建法是目前工业界应用最广泛的一种方式。

20 世纪 60 年代，Coons 和 Bezier 等人为参数曲面重建方法奠定了理论基础。Bezier 曲面①于 1972 年提出，通过控制局部曲面的顶点实现重建曲面。但是 Bezier 算法的难点是处理连续的曲面数据。B 样条曲面②解决了曲面的局部控制和拼接连续性的问题。B 样条曲面比 Bezier 曲面具有更好的局部支撑性，能够以更少的信息描述复杂的物体，并支持局部修改。然而 B 样条算法的执行效率较低。2003 年，Sederberg 等人③提出了 T 型节点的 B 样条曲面。该算法中 B 样条曲面的每一个控制顶点都有一个基函数与之对应。因此，算法在网格控制、网格细化方面有一定的优势。2013 年，Zhao 等人④提出了利用遗传算法 GA 改进 B 样条曲面重建，其中 GA 可以对控制点的获取提供智能化的帮助。2014 年，Tekumalla 等人⑤在文献中提出利用局部约束来进行 B 样条表示，文献中使用最小二乘拟合算法实现曲面光滑处理。

参数曲面重建中局部分片逼近复杂曲面的特性使得计算复杂、重建曲面的光滑性差。因此，光滑性的曲面重建得到了人们的重视。

3）隐函数法曲面重建

隐函数曲面是通过三维标量场函数的零水平集表示的。最早，华盛顿大学 Hoppe 等人⑥在 1992 年和 1994 年分别提出了分片线性曲面和分片光滑曲面模型，该算法通过构造数据到曲面的有向距离场来构建曲面函数，为任意拓扑结构的曲面

---

① Lifton J，Liu T，McBride J. Non-linear least squares fitting of Bezier surfaces to unstructured point clouds[J]. AIMS Mathematics，2021，6(4)：3142-3159.

② Liu C，Gao N，Meng Z Z，et al. Iteration of B-spline surface based deflectometric method for discontinuous specular surface[J]. Optics and Lasers in Engineering，2023，165：107533.

③ Sederberg T W，Zheng J M，Bakenov A，et al. T-splines and T-NURCCs[J]. ACM Transactions on Graphics (TOG)，2003，22(3).

④ Zhao X Y，Zhang C M，Xu L，et al. IGA-based point cloud fitting using B-spline surfaces for reverse engineering[J]. Information Sciences，2013，245.

⑤ Tekumalla L S，Cohen E. Reverse Engineering Point Clouds to Fit Tensor Product B-Spline Surfaces by Blending Local Fits[J]. CoRR，2014，abs/1411.5993.

⑥ Hoppe H，DeRose T，Duchamp T，et al. Surface reconstruction from unorganized points[J]. ACM SIGGRAPH Computer Graphics，1992，26(2)：72-78.

重构技术进行了开创性的研究，同时也为隐函数法曲面重建技术奠定了基础。例如，移动最小二乘法（Moving Least Squares，MLS）曲面重建[1]和径向基函数法（Radial Basis Function，RBF）曲面重建[2]。RBF方法能够稳定地解决离散点的插值问题，然而该方法对噪声敏感。

在隐函数曲面重建方法中，泊松曲面重建技术[3]是在2006年提出的。与RBF方法不同，泊松曲面重建技术支持分层结构的局部基函数控制曲面方程。该方法将曲面重建问题转换成泊松问题，利用离散化的技术求取曲面隐函数。

---

[1] 兰猗令,康传利,王宁,等.附加增值条件的移动最小二乘法的点云孔洞修补[J].红外与激光工程,2023,52(2)：414-423.

[2] 张娟,侯进,吴婷婷,等.三维散乱点云模型的快速曲面重建算法[J].计算机辅助设计与图形学学报,2018,30(2)：235-243.

[3] 孙殿柱,沈江华,汪思腾,等.复杂型面点云的法向特征聚类分级估计方法[J].计算机集成制造系统,2021,27(5)：1440-1446.

第 3 篇

桥梁建造期数字化构模、识别与评估技术

第 5 章

工业化桥梁混凝土构件数字化建档与质量智能评定

本章以智慧梁场为工程背景，基于三维点云对混凝土预制构件进行数字化建档，针对关键几何制造质量（尺寸和平整度）进行高效、数字化的智能评定。

5.1 应用场景与依托项目介绍

5.1.1 应用场景

我国桥梁已全面进入工业化建造时期，工业化桥梁广泛应用。预制构件制造质量是智能建造的关键，其质量检测与可拼装度评估是运至桥址前的重要步骤，不仅直接关联桥梁现场拼装的施工质量，而且对其全寿命周期内的服役性能起到决定性作用。对混凝土构件制造质量进行评定的指标一般包括尺寸（长度、宽度、高度、厚度等）、垂直度和平整度[①]。目前，传统工业化桥梁预制构件检测手段仍以卷尺、直尺、塞尺等人工接触式检测为主，受检测人员影响大，受主观因素影响强，时效性差，检测结果需多道人为工序才可达到数字化集成的要求，无法应对大批量预制构件的检测需求。数据信息需要经过设备端采集、电脑端分析、存储端管理等多种处理才能进行检测，这些限制在很大程度上阻碍了工业化桥梁制造阶段对预制构件制造质量的有效管控与评估。

随着桥梁建设工业化、数字化、智能化的不断发展，三维激光扫描技术因其测量效率高、自动化程度高等优点，面对预制构件检测与评估过程中快速、全要素、高精

---

① 刘界鹏,崔娜,周绪红,等.基于三维激光扫描的房屋尺寸质量智能化检测方法[J].建筑科学与工程学报,2022,39(4):71-80.

度、自动化、数字集成化等要求，具有较好的应用优势①②。通过算法对三维点云数据进行降噪、聚类、识别、拟合等分析处理，建立高精度构件模型，满足了在空间尺寸测量上的精度需求，获得的数据还可进一步整合实现全过程数字化③④⑤。

5.1.2 应用智慧梁场工程概况

1）智慧梁场的概念

大型桥梁工程施工一般现场制作预制梁，经运输和吊装将预制梁安放到设计位置上，其质量与生产进度直接影响整个工程质量与工期进度。智慧梁场是智慧交通理念在桥梁建设领域内的具体应用，一般是指采用建筑信息模型（BIM）、数据管理与服务（DM）、移动应用与物联网技术（Mobile）、云技术（Cloud）、大数据（BD）等帮助决策和加快工程进度，实现梁场的数字化管理⑥。场地内根据功能可划分为多个区域，各个区共同预制加工简支梁并通过各种机器设备对生产后的梁进行检测、养护、搬运、存放、上桥、装车等一系列操作。随着科学技术的不断进步，信息化、数字化、智能化管理的智慧梁场逐步成为各大工程项目追求的目标。智慧梁场基于互联网思维，遵循"统一规划、统一平台、统一数据"的原则，集成加工、管理、检测等多方数据，并借助 BIM 等技术实现全方位动态管理。

2）应用智慧梁场概况

本章以"德上高速合枞段智慧梁场"中的工业化桥梁混凝土构件为例，介绍基于三维点云的数字化建档与质量智能评定方法。

德州至上饶国家高速公路（G0321，以下简称"德上高速"）是国家高速公路网"71118网"中京台高速（G3）的并行线，纵贯山东、河南、安徽和江西四省。其中，安徽段（长约580 km）为安徽省规划的"五纵九横"高速公路网中"纵三"，目前在建的有合肥至枞阳段、池州至祁门段。全线共设置桥梁103座（特大桥

---

① 宋培娟,高连平,任宇.基于三维激光扫描的建筑模型可视化制作研究[J].激光与红外,2022,52(3):349-354.
② 贺晓东.三维激光扫描技术在建筑立面数字化采集和立面绘制方向应用的可行性研究[J].测绘通报,2021(9):157-159,164.
③ Kim M K, Wang Q, Park J W, et al. Automated dimensional quality assurance of full-scale precast concrete elements using laser scanning and BIM[J]. Automation in Construction, 2016, 72: 102-114.
④ Kim M K, Wang Q, Li H. Non-contact sensing based geometric quality assessment of buildings and civil structures: A review[J]. Automation in Construction, 2019, 100: 163-179.
⑤ Wang Q, Kim M K, Sohn H, et al. Surface flatness and distortion inspection of precast concrete elements using laser scanning technology[J]. Smart structures and systems, 2016, 18(3): 601-623.
⑥ 付旭,张友恒,周慧文,等. 数字孪生智慧梁场功能需求分析与系统架构研究[J]. 土木建筑工程信息技术,2023,15(1):19-24.

4 座，大桥 18 座，中小桥 81 座），隧道 1 处，互通立交 10 处，匝道收费站 7 处，服务区 3 处，养护工区 3 处。本项目运用小跨径构筑物、常规跨径桥梁、模块化斜拉桥工业化结构等标准化设计，选用预制构件自动化生产线、桩板式结构体系一体化施工机械、快速连接技术等快速建造工艺及装备，采用包括智慧检测、智慧建造、智慧施工等智慧管理过程在内的基于 BIM 的工业化智能建造技术路线（图 5.1），创建工业化智能制造科技示范工程，是交通运输部第一批公路 BIM 技术应用示范项目。

在此项目中，采用基于三维激光扫描的非接触式检测技术，对预制混凝土梁构件进行空间几何识别与误差智能检测，最终可视化地呈现检测结果，不仅极大地提高了检测效率和检测精度，而且检测数据通过数据库与每根梁联系在一起，形成全生命周期数字化的"身份证"，便于后续的施工和管理养护。具体分析步骤包括：测站的选择与点云预处理、预制梁点云信息识别与提取、误差计算与评估等。

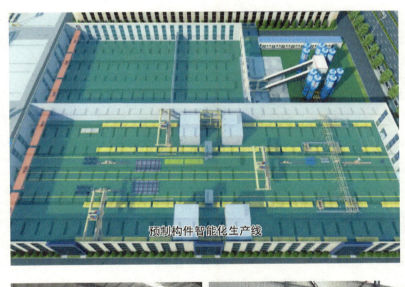

图 5.1　项目示意图

5.2 三维激光扫测现场实施方法

5.2.1 测站位置选择

为了获得较高的评估准确度，首先需要确定三维激光扫描仪的位置和扫描参数。影响三维激光扫描仪测量精度的三个主要因素是扫测距离、三维激光扫描仪与目标结构之间的入射角，以及扫测分辨率。

针对智慧梁场的扫测特点，为提高点云数据获取效率，可将多个成品预制梁作为一个扫描组进行测站布置，测站位置遵循如下原则设置：①要求相邻两测站之间有一定的重合度，使得所有测站获取的全部点云能完全覆盖构件表面；②设置合适数量和位置的标靶，保证每一测站能扫描到至少两个标靶；③为获取预制梁顶部的点云，需在相邻梁顶架设扫描仪，抬高扫描仪位置，对该预制梁顶面进行扫测。此处为针对拼接提出的要求，标靶的数量和位置根据现场实际情况而定。由于预制工厂停梁区空间有限，待测预制构件可能存在与邻近构件摆放距离过近、周边存在上人梯等遮挡物、摆放位置过高等情况，根据现场情况，需增加相应测站数量或架高激光扫描仪。对于造成轻微遮挡的障碍物，可以通过点云修补实现对其特征的完善；对于造成严重遮挡的障碍物，考虑在进行扫测前将其移除。

图 5.2 展示了一次对两根平行摆放的预制梁的测站及标靶布置。围绕目标预制梁构件设置 13 处测站，利用标靶球辅助进行后续点云拼接等处理工作。此次扫测

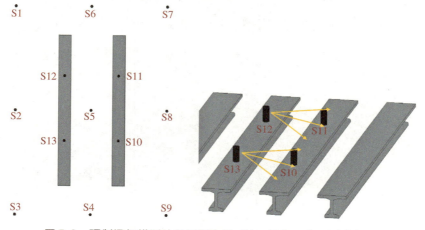

图 5.2　预制梁扫描测站及标靶位置（注：黑色圆点为测站位置）

作业时，为获取梁顶面点云数据，在相邻梁顶部设测站。若预制梁顶无法上人，可在预制梁群附近合适位置设测站，抬高扫描仪位置，利用标靶对梁顶面进行扫描，宜设两个以上测站分别从多个方向扫测梁群顶面，以提高点云准确性。

一旦确定了三维激光扫描仪的位置和扫描参数，便在粗略扫描后选择覆盖预制混凝土面板的目标区域（ROI）。希望使 ROI 略大于目标区域，以减少扫描时间并加速数据的后处理。然后，在 ROI 上进行精细扫描，生成包含一组 3D 点的点云，即 $x_i, y_i, z_i (i=1, \cdots, N)$，其中 N 是总扫描点数。请注意，一旦在数据采集之前手动确定了三维激光扫描仪和 ROI 的位置、扫描参数，即可自动进行扫描和数据采集，而无须人工干预。图 5.3 为在合枞智慧梁场现场使用三维激光扫描仪（法如 Focus S350）进行点云数据采集的照片。

图 5.3 合枞智慧梁场现场点云数据采集照片

5.2.2 扫描结果要求

为有效进行后续尺寸、平整度、外观质量等检测工作，扫描结果需清晰地包含以下点云信息：

（1）各预制梁的各边轮廓线（包括顶面、底面、腹板、断面）（图 5.4）。

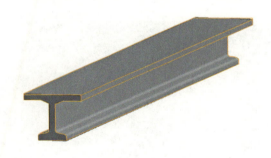

图 5.4 需采集的梁各边轮廓线示意图

（2）各预制梁腹板两侧面的完整点云（图 5.5）。

（3）各预制梁顶面的完整点云。

（4）各预制梁两端面的完整点云（图 5.6）。

图 5.5 梁腹板两侧面的完整点云

图 5.6 梁两端面完整点云

5.2.3 点云的预处理

图 5.7 为采集到的点云图,在进行下一步的数据处理前需要对采集到的点云数据进行简单的拼接、降噪等预处理。

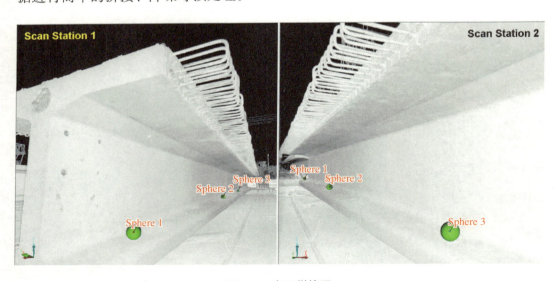

图 5.7 点云拼接图

5.3 桥梁预制混凝土梁体空间尺寸智能识别与误差评定

构件的空间尺寸误差评定是桥梁施工过程中的重要环节，以便控制施工质量，在规定工期内完成施工建设。对于预制构件来说，空间尺寸检测更为重要，由于预制混凝土梁都是在流水线上单个生产的，尺寸的不匹配很容易造成后续施工无法满足设计要求，甚至会出现无法拼装不得不重新返工的情况，严重影响施工质量与施工效率。

本节首先对采集到的三维点云模型建立三维坐标系；随后在恰当位置处作点云切片，接着基于构件空间几何特征及坐标范围对切片点云进行分块；采用随机抽样一致算法拟合边界特征，通过相邻边界相交拟合确定角点特征，进而实现对空间尺寸的智能识别与误差评定。

5.3.1 建立三维坐标系

为识别点云模型的空间几何形态，在完成数据预处理后，首先需要根据点云模型特性，建立合适的三维坐标系。三维点云的坐标校准包括粗略校准和精细校准两部分。

1) 粗略校准

粗略校准是在点云之间的相对位置姿态完全未知的情况下进行的。设三维坐标轴 XYZ，XOY 平面为水平面，Z 轴为重力的反方向。对采集到的点云数据模型做 XOY 平面。由于进行三维数据扫描前要调平三维激光扫描仪，因此，为简化后续处理步骤，若被测物体与三维激光扫描仪放置在同一平面上，可假设被测构件放置平面水平，即 Z 轴方向已校准、被测物体底面与扫描仪设定的局部坐标轴的 XOY 平面平行。将坐标轴原点 O 设置在模型的形心位置，以有效简化计算，提高效率。因此，粗略校准的坐标轴转换仅需考虑 X 轴、Y 轴方向。

作三维点云模型在 X_0OY_0 平面的投影，对投影做主成分分析[1][2]。根据主成分分析原理，首先对投影点云进行去中心化处理，计算去中心化后点云的协方差矩阵，并对协方差矩阵进行奇异值分解，得到一组特征值以及与每个特征值唯一对应的特征向量。最大特征值对应的特征向量为第一主成分，第二大特征值对应的特征向量为第二主成分。定义 Y_0 坐标轴方向为第一主成分方向，X_0 坐标轴方向为第二

---

[1] Hoppe H, DeRose T, Duchamp T, et al. Surface reconstruction from unorganized points[J]. ACM SIGGRAPH Computer Graphics, 1992, 26(2): 71-78.

[2] Mitra N J, Nguyen A, Guibas L. Estimating surface normals in noisy point cloud data[J]. International Journal of Computational Geometry & Applications, 2004, 14(4/5): 261-276.

主成分方向，完成对三维点云模型坐标的粗略校准（图5.8）。

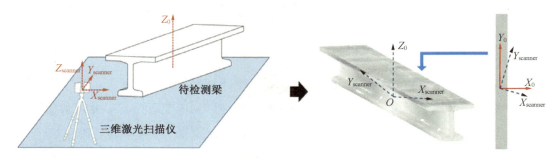

图 5.8　粗略校准示意图

2）精细校准

在粗略校准的基础上，进一步实施精细校准。在能反映构件梁宽、梁长、梁高特征的合适位置分别作切片，切片厚度取两倍点云密度。将切片中包含的点云向切片平面作投影并进行主成分分析，其投影拟合为一条直线，比较投影直线与两坐标轴的夹角。根据主成分分析原理，定义与投影直线夹角较小坐标轴的方向为第一主成分方向，切片平面内另一坐标轴方向为第二主成分方向。在梁宽、梁长、梁高方向均完成上述步骤后，完成对最终坐标系 XYZ 的校准，即三维点云模型的坐标精细校准。精细校准示意图如图5.9所示。

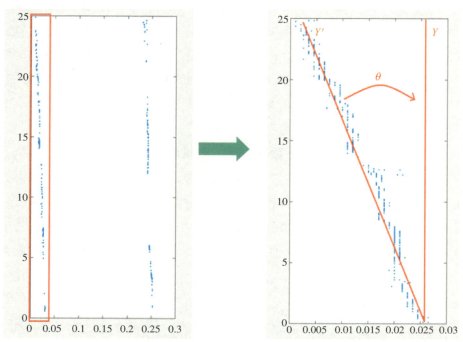

图 5.9　精细校准示意图

根据最终坐标系与初始坐标系间的夹角，计算点云从初始坐标系变化至最终坐标系所对应的旋转矩阵 $\boldsymbol{R}_x$，$\boldsymbol{R}_y$，$\boldsymbol{R}_z$。若自初始坐标系旋转至最终坐标系的方向为逆时针，则得到旋转矩阵 $\boldsymbol{R}_x$，$\boldsymbol{R}_y$，$\boldsymbol{R}_z$ 分别为：

$$\boldsymbol{R}_x = \begin{bmatrix} 1 & 0 & 0 \\ 0 & \cos\alpha & -\sin\alpha \\ 0 & \sin\alpha & \cos\alpha \end{bmatrix},\quad \boldsymbol{R}_y = \begin{bmatrix} \cos\beta & 0 & \sin\beta \\ 0 & 1 & 0 \\ -\sin\beta & 0 & \cos\beta \end{bmatrix}$$

$$\boldsymbol{R}_z = \begin{bmatrix} \cos\gamma & -\sin\gamma & 0 \\ \sin\gamma & \cos\gamma & 0 \\ 0 & 0 & 1 \end{bmatrix}$$

若旋转方向为顺时针，则旋转矩阵 $\boldsymbol{R}_x$，$\boldsymbol{R}_y$，$\boldsymbol{R}_z$ 分别为：

$$\boldsymbol{R}_x = \begin{bmatrix} 1 & 0 & 0 \\ 0 & \cos\alpha & \sin\alpha \\ 0 & -\sin\alpha & \cos\alpha \end{bmatrix},\quad \boldsymbol{R}_y = \begin{bmatrix} \cos\beta & 0 & -\sin\beta \\ 0 & 1 & 0 \\ \sin\beta & 0 & \cos\beta \end{bmatrix}$$

$$\boldsymbol{R}_z = \begin{bmatrix} \cos\gamma & \sin\gamma & 0 \\ -\sin\gamma & \cos\gamma & 0 \\ 0 & 0 & 1 \end{bmatrix}$$

其中：α 为初始坐标系与最终坐标系在 YOZ 平面内的夹角；β 为初始坐标系与最终坐标系在 XOZ 平面内的夹角；γ 为初始坐标系与最终坐标系在 XOY 平面内的夹角。根据上述 $\boldsymbol{R}_x$，$\boldsymbol{R}_y$，$\boldsymbol{R}_z$ 得到空间旋转矩阵 $\boldsymbol{R} = \boldsymbol{R}_x \cdot \boldsymbol{R}_y \cdot \boldsymbol{R}_z$，进而实现点云坐标校准。

5.3.2 边界及角点提取

确立三维坐标轴方向后，根据检测需求，选取某个方向作平行于坐标平面的点云切片。

首先，基于 Convex Hull 凸包理论，提取切片点云的外边界；随后，基于切片的几何特征及坐标范围，对点云进行分块［图 5.10（a）］；接着，采用随机抽样一致算法对边界特征进行拟合与提取，相较于直接使用最小二乘法，基于随机抽样一致的拟合方法的鲁棒性更强，在真实边缘点附近存在大量异常值时，它也可以以很高的精度估算边缘线的参数［图 5.10（b）］；基于空间位置关系，将邻近边界特征的角点视为边界角点［图 5.10（c）］。

(a)

(b)

(c)

图 5.10　边界线拟合

图 5.11 展示了合枞智慧梁场项目中某混凝土预制 T 梁截面的边界及角点拟合与提取结果，基于此特征拟合结果，可清晰地对所需空间尺寸进行评估。

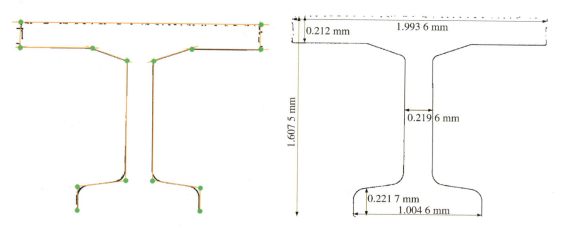

图 5.11　合枞智慧梁场项目中某混凝土预制 T 梁截面边界及角点拟合与提取示意图

5.3.3 误差评定

对于合枞智慧梁场项目中的混凝土预制 T 梁(图 5.12),其重点检测项目为:① 预制混凝土梁梁长(AA');② 预制混凝土梁梁高($G-AP$);③ 腹板高(DE);④ 腹板厚度(DL);⑤ 上、下翼缘宽度(AP,GH);⑥ 上、下翼缘厚度(AB,E-GH)。

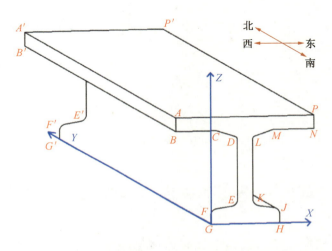

图 5.12 合枞智慧梁场混凝土预制 T 梁各角点编号示意图

基于已提取到的构件边界、角点特征及计算得到所需检测项目的结果,将之与设计规格进行比较,以进行质量评估。《混凝土结构工程施工质量验收规范》(GB 50204—2015)对预制混凝土构件几何尺寸的允许偏差如表 5.1 所示,根据此规范对空间几何尺寸进行评估。

表 5.1 预制混凝土构件几何尺寸的允许偏差

项目	允许偏差/mm
梁长度(≥18 m)	±20
梁宽度、高(厚)度	±5
梁表面平整度	±5

基于检测及评定结果生成"数字档案式"检测报告(图 5.13),集成构件信息、设计信息、对应扫描信息及检测结果,利用三维数字点云,有效简化并集成数据。

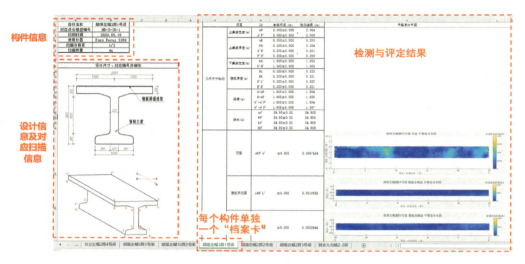

图 5.13 "数字档案式"检测报告

5.4 桥梁预制混凝土梁体表面平整度智能识别与质量评定

构件表面平整度，作为评估构件制造质量的重要指标，需要被精确检测与评估。本方法首先基于各坐标点处法向量对三维点云模型进行了分割，将需要进行平整度检测的平面从整体三维点云模型中提取出来；随后采用"移动平面法"迭代寻找最优基准平面，并计算各个坐标点处的平整度分布情况；最终形成着色平整度分布图，直观地展示检测与评估结果。

5.4.1 点云的分割

理想状态下，基于三维立体的平整度检测可通过将根据设计图纸建立的三维模型与扫测采集到的点云模型进行对比，实现"体-体"之间的检测。然而此种方法需要将两个三维模型精准重叠，寻找基准点难度较大，对两模型移动、重叠的要求极高且耗时较久。相对而言，基于二维平面的平整度检测更易操作，仅需拟合最优平面即可得到具体平面的平整度分布信息。

本章提出一种基于法向量夹角的点分割算法。如图 5.14 所示，首先，计算三维数字点云中每个三维坐标点位置处的法向量。根据 K 最近邻法原理，对于三维点云模型 P_t 中第 i 个点 $p_i(x_i, y_i, z_i)$，选取 K 个最邻近点；根据主成分分析原理，依次进行去中心化、协方差矩阵计算和奇异值分解，定义点 $p_i(x_i, y_i, z_i)$

处的法向量 $\boldsymbol{n}_i$ 为最小特征值对应的特征向量，规定法向量 $\boldsymbol{n}_i$ 方向指向坐标轴正向。

随后，将预制梁段中欲进行表面平整度检测的待测表面 A 旋转至与坐标平面 B 平行。其中，坐标平面 B 为 XOY、XOZ、YOZ 中的任一平面，设定基准向量 $\boldsymbol{n}_r$ 为垂直于坐标平面 B 的单位向量，基于向量夹角公式计算三维点云模型 P_t 中各点处法向量与基准向量的夹角，三维点云 P_t 中第 i 个点 $p_i(x_i,y_i,z_i)$ 处的法向量 $\boldsymbol{n}_i$ 与基准向量 $\boldsymbol{n}_r$ 夹角 θ_i 为：

$$\theta_i = \arccos\left(\frac{\boldsymbol{n}_i \cdot \boldsymbol{n}_r}{|\boldsymbol{n}_i||\boldsymbol{n}_r|}\right)$$

设定角度阈值 θ_s 为 $|\theta_s| \leqslant 5°$，在计算过程中若满足约束条件 $\theta_i \leqslant \theta_s$，即 θ_i 不

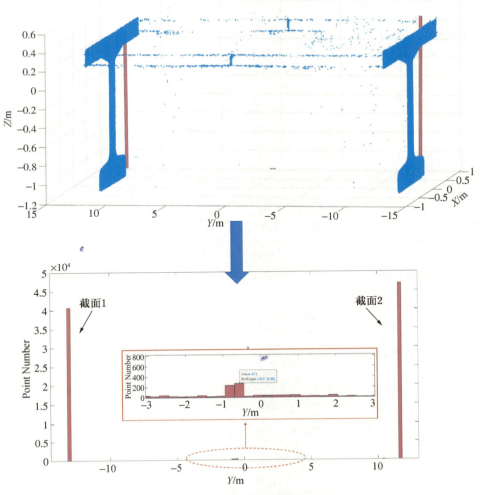

图 5.14 基于坐标直方图的点云分割

大于角度阈值 θ_s，则点 $p_i(x_i, y_i, z_i)$ 是组成待测表面 A 的点，将此点提取至集合 A_1，对集合 A_1 中的点，取各点位于与待测表面 A 垂直的坐标轴上的坐标值作直方图，提取频数最大的区间中包含的点至集合 A_2。

根据 K 最近邻法原理，对于集合 A_2 中第 h 个点 $p_h(x_h, y_h, z_h)$，取其周围 K 个最邻近点组成集合 P_h^K；定义点 p_h 的点间距 d_h 为该点到集合 P_h^K 中各点距离的平均值，假设结果为高斯分布，计算集合 A_2 中各点间距的平均值 $\bar{d}$ 及标准差 σ：

$$\bar{d} = \frac{1}{N_{A_2}} \sum_{h=1}^{N_{A_2}} d_h, \quad \sigma = \sqrt{\frac{1}{N_{A_2}} \sum_{h=1}^{N_{A_2}} (d_h - \bar{d})^2}, \quad h \in \{1, 2, \cdots, N_{A_2}\}$$

其中，N_{A_2} 为集合 A_2 中点的个数，设定 $\bar{d}+2\sigma$ 为距离阈值。在计算过程中若满足约束条件 $d_h \leqslant \bar{d}+2\sigma$，即点间距不大于距离阈值，则点 $p_h(x_h, y_h, z_h)$ 是组成待测表面的点，将其提取至待测表面 A 中。

5.4.2 基准平面的确定

由于待测表面 A 是由三维坐标点组成的，存在一定厚度，过待测表面 A 中距坐标平面 B 最近的点，作参考平面 RP_1 平行于坐标平面 B，参考平面 RP_1 为 $a_1x + b_1y + c_1z + d_1 = 0$；过待测表面 A 中距坐标平面 B 最远的点，作参考平面 RP_n 平行于坐标平面 B，参考平面 RP_n 为 $a_nx + b_ny + c_nz + d_n = 0$；其中，$a_1$、$b_1$、$c_1$、$d_1$、$a_n$、$b_n$、$c_n$、$d_n$ 为系数。如图 5.15 所示。

设定迭代间距 t 为待测表面 A 中点云密度，将参考平面由 RP_1 以 t 为增量逐步向 RP_n 平移，计算每一移动时刻待测表面 A 中各点至参考平面的距离，待测表面 A 中第 j 个点 $p_j(x_j, y_j, z_j)$ 距第 m 个参考平面 RP_m 的欧几里得距离 r_j 为：

$$r_j = \left| \frac{a_m x_j + b_m y_j + c_m z_j + d_m}{\sqrt{a_m^2 + b_m^2 + c_m^2}} \right|,$$
$$j \in \{1, 2, \cdots, N_A\}, \quad m \in \{1, 2, \cdots, N_n\}$$

其中，N_A 为待测表面 A 中点的个数，N_n 为参考平面的个数，参考平面 RP_m 的表达式为 $a_mx + b_my + c_mz + d_m = 0$，其中，$a_m$、$b_m$、$c_m$、$d_m$ 为系数；根据最小二乘法原理，定义最佳参考平面 RP_A 为待测表面 A 中各点的 r_j 之和最小时对应的参考平面：

$$RP_A(r_j) = \operatorname*{argmin} \sum_{j=1}^{N_A} r_j$$

最佳参考平面 RP_A 的表达式为 $a_Ax+b_Ay+c_Az+d_A=0$。

对于待测表面 A 中第 j 个点 $p_j(x_j, y_j, z_j)$，此点处的表面平整度 f_j 定义为点 p_j 到最佳参考面 RP_A 的欧几里得距离：

$$f_j = \left| \frac{a_A x_j + b_A y_j + c_A z_j + d_A}{\sqrt{a_A^2 + b_A^2 + c_A^2}} \right|, \quad j \in \{1, 2, \cdots, N_A\}$$

根据 f_j 数值大小以不同颜色进行标注，以得到该待测表面 A 的平整度分布图，完成对预制梁段的表面平整度检测。如图 5.15 所示。

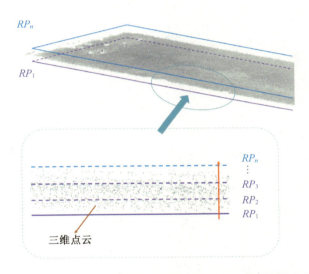

图 5.15　基于移动平面的最优基准平面迭代寻找过程示意图

5.4.3　表面平整度分布可视化呈现

《混凝土结构工程施工质量验收规范》（GB 50204—2015）中规定预制混凝土构件平整度的允许偏差为 ±5 mm，以此为标准对平面平整度情况进行评估。从图 5.16 中可以看出，越趋向于黄色的代表此处距最优基准表面越远，即这一处平整度可能存在波动，而越接近深蓝色则代表更贴近基准平面集附近的平面更平整一些。基于这张可视化的平整度分布云图，与实际构件拍摄的照片特征一致，施工人员可以更好地判断是否需要对这一梁段或者这一区域进行相应处理。

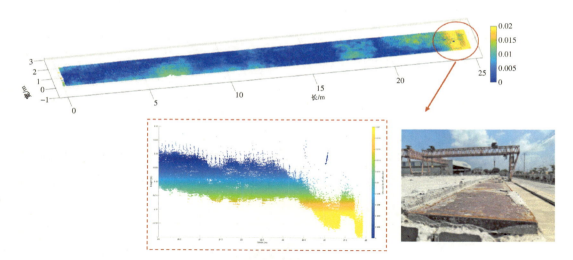

图 5.16 平整度分布图与实景照片对比

第 6 章

工业化桥梁钢构件数字化预拼装及其系统研发

本章以伶仃洋大桥为工程背景，介绍了点云技术应用于桥梁预制钢梁节段拼接的全部流程，包含基站选取、扫描预处理、点云建模和预拼装数字化系统和平台。

6.1 应用场景与依托项目介绍

6.1.1 应用场景

预制钢梁的制造质量不仅直接关系到桥梁现场拼装的施工质量，而且对其全生命周期内的服役性能起到决定性的作用。在交付施工现场前，必须对每个预制构件的空间尺寸、表面平整度等关键指标进行精确检测与管控[1]。然而，目前预制钢梁的制造质量检测手段仍以钢尺、水准仪等传统接触式测量为主，测量效率较低，且大量依赖于人工操作，测量的结果仍需多道人工工序才能实现数字化[2][3]。

大型桥梁结构在节段加工制造完成后，通常需要进行钢梁的预拼装与检验，以查验施工现场拼装线形是否平顺和接头对位是否满足精度要求[4]。而目前传统实体预拼装要求构件需提前制作完成，否则会影响拼装周期。在预拼装过程中，人员、材料、起重设备、场地等缺一不可，且耗时费力[5]。

三维激光扫描技术在上述两种主要需求中具有一定的优势。首先，在制造质量检

---

[1] 李亚东. 数字模拟预拼装在大型钢结构工程中的应用[J]. 施工技术,2012,41(18): 23-26.
[2] 陈振明,隋小东,李立洪,等. 钢结构预拼装技术研究与应用[J]. 施工技术,2019,48(8): 100-103.
[3] 罗永权,张鸿飞. 三维激光扫描技术在桥梁构件模拟预拼装中的应用[J]. 测绘与空间地理信息,2017,40(11): 167-170.
[4] 周绪红,刘界鹏,程国忠,等. 基于点云数据的大型复杂钢拱桥智能虚拟预拼装方法[J]. 中国公路学报,2021,34(11): 1-9.
[5] Case F, Beinat A, Crosilla F, et al. Virtual trial assembly of a complex steel structure by Generalized Procrustes Analysis techniques[J]. Automation in Construction,2014,37: 155-165.

测方面可以做到自动化快速检测，基于三维激光扫描技术采集的三维点云模型，即可完成对预制梁段几何特征的精确识别与标准化检测，大幅提高制造质量检测环节的工作效率及自动化程度，有效地减少误差。其次，在预拼装方面可以实现数字化虚拟预拼装，同时对拼装构件间界面匹配度实施数字化定量评定，并可视化地展示拼接结果，有效提高效率，解决场地、设备等限制问题[①]。

6.1.2 依托项目介绍

深中通道是集"桥、岛、隧、水下互通"于一体的世界级跨海通道工程，项目主体工程全长约 24.03 km，跨海段长 22.39 km，陆域段长 1.64 km，其中桥梁工程全长约 17 km，钢箱梁总量约 28 万 t。其中，伶仃洋大桥钢箱梁工程量约 5.66 万 t，伶仃西泄洪区非通航孔桥全长 2 420 m，钢结构工程量约 6.03 万 t。

图 6.1 伶仃洋大桥概貌

伶仃西泄洪区非通航孔桥位于伶仃洋大桥西侧，全长 2 420 m，跨径布置为 2×(6×110) m＋2×(5×110) m，道路设计线处于直线及圆曲线上。伶仃西泄洪区非通航孔桥概貌见图 6.2。伶仃西泄洪区非通航孔桥采用连续钢箱梁体系，主梁采用分幅等截面船形钢箱连续梁，单箱三室截面，单幅梁宽 20 m，高 4.3 m，小节段长

---

① Li D S, Liu J P, Feng L, et al. Automatic modeling of prefabricated components with laser-scanned data for virtual trial assembly[J]. Computer-aided Civil and Infrastructure Engineering, 2021, 36(4): 453-471.

度约7~13 m。标准梁节段长10 m,顶板厚度18 mm,非标段加厚至24 mm;底板厚度20 mm,非标段加厚至28 mm,底板与斜底板角点处1 000部位设置不等厚对接。标准设置1道实腹式横隔板和三道横肋,间距2 m;横隔板设置一个高1.8 m人洞、2个高0.9 m人洞及6处管线孔道,人洞处设置检查车轨道,如图6.3所示。非通航孔桥由工厂内(扬州制造基地)制作成170个制造分段,170个制造分段在桥位(江门基地)组拼成40个吊装大节段。

图6.2 伶仃西泄洪区非通航孔桥概貌

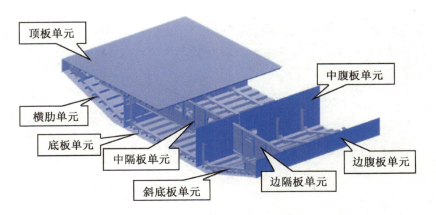

图6.3 伶仃西泄洪区110 m非通航孔桥钢箱梁节段

6.2 三维激光扫测现场实施方法

6.2.1 测站位置选择

在对目标梁段进行三维点云采集时，测站布置方面要求有以下三点：第一，要求两场测站之间需要有一定的重合度；第二，测站的设置数量不宜过多，也不宜过少；第三，应在某一站扫描范围内设置合适数量及位置的反射标靶，保证每一个测站能扫描到至少2个标靶。

根据预制钢箱梁节段空间几何特征及预制梁场存梁区环境特点，围绕单个箱梁节段布设测站，相邻测站间设置两个以上公共标靶，以保证点云数据拼接时的准确性。图6.4展示了本依托项目中对单个箱梁的三维激光扫描布置方案。图6.5展示了预制钢梁节段内、外三维点云数据采集。

图6.4 单个节段钢箱梁扫描方案示意图

图6.5 预制钢梁节段内、外三维点云数据采集

6.2.2 扫描结果要求

采集得到的三维数字点云须清晰地包含以下两点：①包含整体特征及细部特点的预制钢箱梁节段端面完整点云；②节段侧面外轮廓线。单个测站下的三维点云示意图见图 6.6。

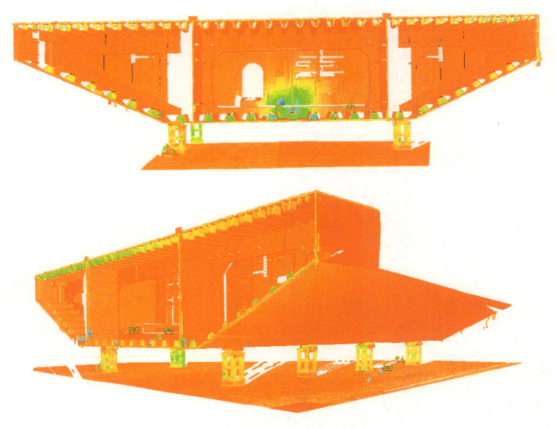

图 6.6 单个测站下的三维点云示意图

6.2.3 点云的预处理

在获得每一站点云之后，首先要对三维点云进行配准。它具体分为两种方法：

第一是基于反射标靶的配准。在点云模型中，可基于黑白反射标靶将多站扫描数据配准到同一坐标系中。在扫描过程中以公共标靶中心点坐标为基准，实现三维点云的拼接。

第二是当反射标靶数量过少或无法使用标靶满足拼接精度要求时，可以基于俯视图与正视图中的点云的重叠部位进行手动配准。从图 6.7 中可以看到，蓝色和粉色分别代表两处测站扫描得到的点云数据。

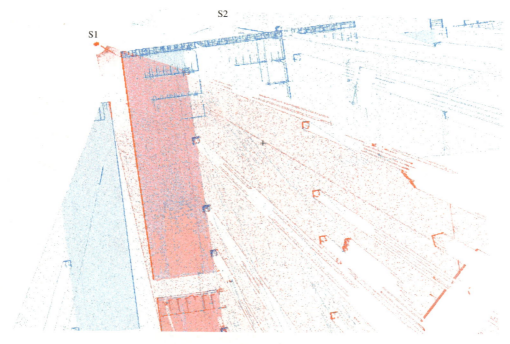

图 6.7 视图拼接示意图

在扫描过程中,构件表面细小的误差或空气波动可能会导致在点云模型中产生噪声。对于这种常离群点通常采用半径滤波去除,基于 K 最近邻法搜索某点附近的 K 个邻近点,并计算它们的平均距离,然后通过预先设定的离群点阈值进行比较,将不满足条件的判定为离群点并将这个点滤除,以达到降噪的效果。节段钢箱梁三维点云模型见图 6.8。

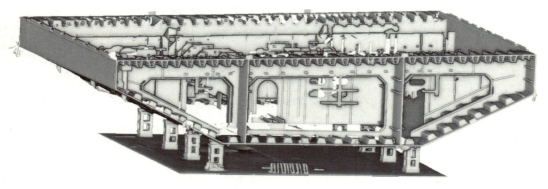

图 6.8 节段钢箱梁三维点云模型

6.3 桥梁预制钢梁节段拼接匹配度评价方法

6.3.1 建立三维坐标系

分别对具有拼装关系的两个预制梁体的三维数字点云计算有向包围盒①，使三维坐标系 X 轴、Y 轴、Z 轴方向分别与构件梁宽、梁长、梁高方向平行，建立三维坐标系。

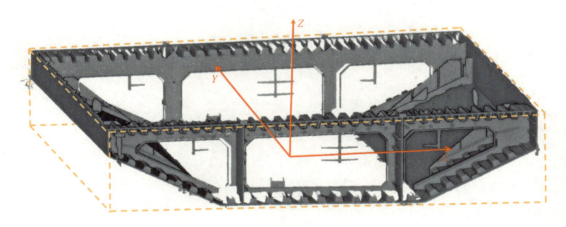

图 6.9 点云有向包围盒示意图

针对两个预制梁体的拼装界面特征，分别在 2 个三维数字点云的拼装界面处作平行于各自 XOZ 坐标平面的点云切片，切片厚度取 2 倍实测点云密度。

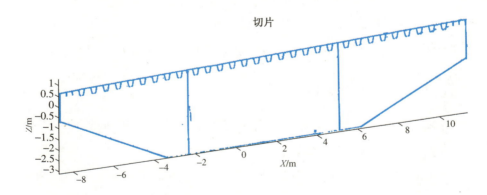

图 6.10 点云切片示意图

---

① Barequet G，Har-peled S. Efficiently approximating the minimum-volume bounding box of a point set in three dimensions[J]. Journal of Algorithms，2001，38(1)：91-109.

6.3.2 基于设计点云的去噪

根据拼装界面的设计信息、设计图纸生成离散的设计点云。分别将两个切片点云、设计点云的形心移动至坐标原点，基于迭代最近点算法，在移动后的设计点云中分别找到与两个切片点中各点最近的点，通过正交旋转矩阵与刚性平移矩阵，使对应点间距离的平均方差最小。设两待拼装点云切片为 P_c 和 Q_c，设计点云为 D_c，此过程可被表示为：

$$\mathrm{argmin}(f(p)) = \frac{1}{m}\sum_{i=1}^{m} \| \mathbf{R}_p \cdot p_i + \mathbf{T}_p - d_i \|^2 \tag{6-1}$$

$$\mathrm{argmin}(f(q)) = \frac{1}{n}\sum_{i=1}^{n} \| \mathbf{R}_q \cdot q_i + \mathbf{T}_q - d_i \|^2 \tag{6-2}$$

其中，m 为切片点云 P_c 的点数，n 为切片点云 Q_c 的点数，p_i 为切片点云 P_c 中第 i 个点，q_i 为切片点云 Q_c 中第 i 个点，d_i 为设计点云 D_c 中第 i 个点。

根据上式计算得到切片点云 P_c 与设计点云 D_c 配准时的正交旋转矩阵 $\mathbf{R}_p$ 与刚性平移矩阵 $\mathbf{T}_p$；类似地，可得到切片点云 Q_c 与移动后的设计点云 D_c 配准时的正交旋转矩阵 $\mathbf{R}_q$ 与刚性平移矩阵 $\mathbf{T}_q$。

配准后得到切片点云 P_2、切片点云 Q_2 的表述式如下：

$$P_2 = \mathbf{R}_p \cdot P_c + \mathbf{T}_p \tag{6-3}$$

$$Q_2 = \mathbf{R}_q \cdot Q_c + \mathbf{T}_q \tag{6-4}$$

基于设计点云 D_c 坐标，设置距离阈值，筛选有效点云。将点云 P_2、Q_2 中超出坐标范围的点视为无效点并去除，得到去噪后的切片点云 P_3、Q_3。

6.3.3 几何特征的提取与几何尺寸的评估

基于设计点云 D_c 的坐标，对去噪后的切片点云 P_3、去噪后的切片点云 Q_3 进行分块，分别提取边界特征、角点特征。

针对边界特征，采取应用拟合函数或拟合算法直接拟合的方法，如图 6.11 所示。对于角点特征，采用先拟合边界特征，再通过边界特征相交计算交点的方法。当拟合得到的角点特征无法在实测点云中找到对应点时，采取最近邻搜索法，选取最近点为角点特征，如图 6.12 所示。

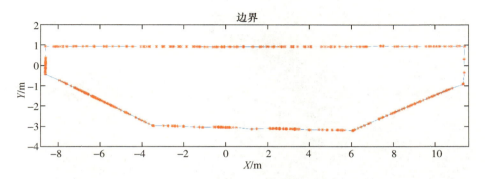

图 6.11 提取点云外边界示意图

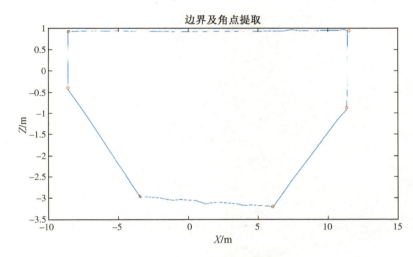

图 6.12 边界及角点提取示意图

6.3.4 拼接匹配度的评估

1) 粗略匹配

基于去噪后的切片点云 P_3、去噪后的切片点云 Q_3 中提取到的角点特征的三维坐标信息，建立预拼装匹配点组 C_P、C_Q。图 6.13 展示了一组钢箱梁的粗略匹配过程，在此示例中 $C_P = \{A_0, A_1, A_2, A_3\}$，$C_Q = \{R_0, R_1, R_2, R_3\}$。

基于普氏分析算法[①]，以预拼装匹配点组 C_P 为基准，将预拼装匹配点组 C_Q 与之对齐，表述式如下：

$$C_Q = \boldsymbol{R}_c \cdot C_P + \boldsymbol{T}_c + \boldsymbol{E}_c \tag{6-5}$$

---

① Case F，Beinat A，Crosilla F，et al. Virtual trial assembly of a complex steel structure by Generalized Procrustes Analysis techniques[J]. Automation in Construction，2014，37：155-165.

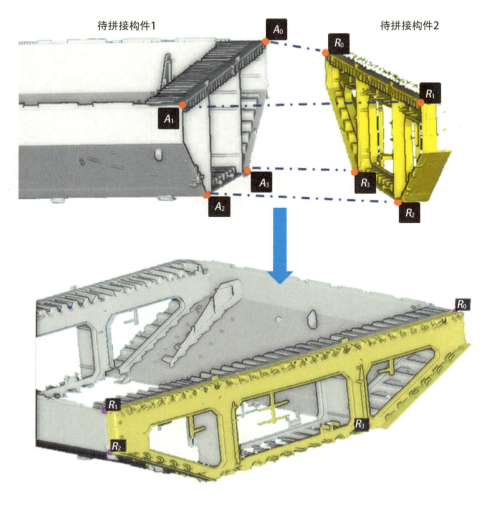

图 6.13 预拼装匹配过程示意图

根据上式计算得到粗略匹配下的正交旋转矩阵 R_c、刚性平移矩阵 T_c、误差矩阵 E_c；将两匹配点组距离最小时，即粗略匹配下的误差矩阵 E_c 最小时对应的姿态确定为粗略匹配后姿态：

$$\operatorname{argmin} \| E_c \| \tag{6-6}$$

基于粗略匹配下的正交旋转矩阵 R_c、粗略匹配下的刚性平移矩阵 T_c，将去噪后的切片点云 Q_3 调整至粗略匹配后的切片点云 Q_4 表述式如下：

$$Q_4 = R_c \cdot Q_3 + T_c \tag{6-7}$$

实现粗略匹配。

2）精细匹配

以粗略匹配姿态作为初始位置进行精细匹配，进一步调整至最终拼装姿态。

基于迭代最近点算法①，在粗略匹配后的切片点云 Q_4 中找到与切片点云 P_3 中各点最近的点，通过正交旋转矩阵与刚性平移矩阵，使对应点间距离的方差最小，即：

$$\mathrm{argmin}\|\boldsymbol{R}_\mathrm{f} \cdot \boldsymbol{Q}_4 + \boldsymbol{T}_\mathrm{f} - \boldsymbol{P}_3\|^2 \tag{6-8}$$

根据上式计算得到精细匹配下的正交旋转矩阵 $\boldsymbol{R}_\mathrm{f}$ 和刚性平移矩阵 $\boldsymbol{T}_\mathrm{f}$。

基于精细匹配下的正交旋转矩阵 $\boldsymbol{R}_\mathrm{f}$、刚性平移矩阵 $\boldsymbol{T}_\mathrm{f}$，将粗略匹配后的切片点云 Q_4 调整至最终拼装姿态点云 Q_final，表述式如下：

$$Q_\mathrm{final} = \boldsymbol{R}_\mathrm{f} \cdot \boldsymbol{Q}_4 + \boldsymbol{T}_\mathrm{f} \tag{6-9}$$

实现精细匹配。

为统一描述，将最终拼装姿态下的点云 P_final 定义为：

$$P_\mathrm{final} = P_3 \tag{6-10}$$

3) 拼装界面匹配度评估

在拼装平面中，计算最终拼装姿态点云 Q_final 与其中各点距在最终拼装姿态点云 P_final 中最近点的间距 f：

$$f = \|q_\mathrm{fi} - p_\mathrm{fi}\| \tag{6-11}$$

其中，p_fi 为最终拼装姿态点云 P_final 中第 i 个点，q_fi 为最终拼装姿态点云 Q_final 中距 p_fi 最近点，将此定义为界面匹配度，以评估拼装结果。拼装界面匹配度评估结果示意图见图 6.14。

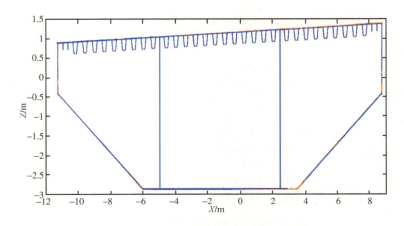

图 6.14 拼装界面匹配度评估结果示意图

---

① Besl P J, Mckay H D. A method for registration of 3-D shapes[J]. IEEE Transactions on Pattern Analysis and Machine Intelligence，1992，14(2)：239-256.

6.4 桥梁预制钢梁数字化预拼装系统与平台

基于 PyCharm+Qt，并使用 Open3D 库，可以开发模块化交互式界面，具有数据采集、制造质量检测、数字化虚拟预拼装、分析结果输出四大自动化模块预拼装界面示意图见图 6.15。在数据采集模块，创建项目然后导入构件并在窗口显示；在

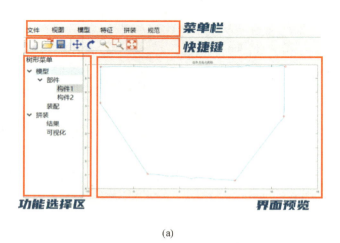

(a)

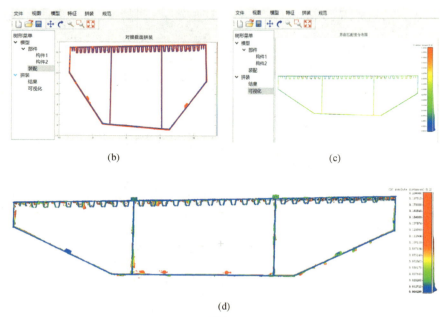

(b)　　　　　　　　　　　　(c)

(d)

图 6.15　预拼装界面示意图

制造质量检测模块，批量快速检验待拼接构件制造质量是否满足相关规范要求，并以单独档案卡的形式对检测结果进行存储；在数字化虚拟预拼装模块，提取并显示对接口几何特征点，选择全部待拼接构件后自动匹配，实现拼接；最后在分析结果输出模块，计算出对接偏差和整体模型偏差，以彩色云图和表格形式展示给用户，基于所提出的评估指标，实现对制造质量及拼接质量的定量评价。

虚拟预拼装结果包括虚拟预拼装后的界面匹配度偏差和对接间隙偏差。界面匹配度表示对接口面内错动，以彩色云图显示。与设计模型比对，通过表格展示偏差数值，评估拼装质量。

第 7 章

桥梁建造空间形态非接触数字化监控

本章以浍河特大桥为例，介绍了应用三维激光扫描技术对桥梁空间结构的快速建模过程，并利用所建模型对桥梁的不同建造状态进行了动态识别和跟踪。

7.1 应用场景与背景桥梁介绍

近年来，我国桥梁建造技术的整体水平有较大程度的提升，但由于发展时间较短，因此该类技术不可避免地存在一定不足[1]。桥梁建造工序的复杂性和外界干扰因素很可能会对桥梁建造质量造成较大影响[2]。同时，长工期与大规模的桥梁建造工程会为建造管理的有序性带来挑战，并最终导致建造质量的不可控[3][4][5]。因此，桥梁监控成为了保证桥梁建造安全和质量的重要环节。桥梁监控一般通过定期对主梁线形[6]、桥墩偏移[7]等关键因素进行监测，对建造中的桥梁状态做出评估，从而指导后续的施工过程。

本章基于三维激光扫描技术，以安徽省规划的"徐州—固镇—蚌埠"高速公路网中的浍河特大桥为例，介绍一种桥梁建造空间形态非接触数字化监控方法。该方法首先对不同关键工况下的桥梁进行三维重建，再通过对点云模型的分析来评价桥梁的建造质量。该桥梁主桥采用 135 m 钢箱系杆拱桥，钢梁由两边箱主纵梁、预制混凝土桥面板及横梁组成，梁高 2.5 m，主纵梁边箱截面尺寸为 1.6 m（斜宽）×

---

[1] 《中国公路学报》编辑部. 中国桥梁工程学术研究综述·2021[J]. 中国公路学报,2021,34(2):1-97.
[2] 余钱华. 大跨混凝土桥梁施工监控中的应力分析与测试[J]. 中国公路学报,2008(2):68-73.
[3] 宋胜录,伍小平,李茂兴. 金山铁路黄浦江特大桥施工监控[J]. 桥梁建设,2012,42(1):113-117.
[4] 王忠彬. 武汉鹦鹉洲长江大桥上部结构施工监控技术[J]. 桥梁建设,2018,48(1):100-105.
[5] 孙建渊,石雪飞. 漳州战备大桥施工工程控制[J]. 桥梁建设,2002(1):38-40,51.
[6] 王为凯. 大跨度连续梁桥的线形控制[J]. 铁道建筑技术,2006(2):12-17.
[7] 熊文,李刚,张宏伟,等. 基于点云数据与工程知识的桥梁形态变化识别方法[J]. 湖南大学学报（自然科学版）,2022,49(5):101-110.

2.5 m（高），主纵梁、横梁及小纵梁均为全焊结构。主拱矢跨比 1/4，拱高 32.75 m（拱轴斜面内）。主拱采用 2 片提篮式钢箱型断面，钢箱拱横向倾角为 13°，拱肋采用矩形等高钢箱拱肋，宽 1.6 m，高 2.5 m。拱轴线为二次抛物线。系杆为可换索式系杆，纵向系杆采用 15－31 钢绞线，每个箱室装配 6 根；端横梁的横向系杆采用 15－19 钢绞线，系杆安全系数 $K>2.0$。吊杆采用挤压锚固钢绞线拉索体系，从梁端张拉，并考虑张拉空间的影响，吊杆张拉端锚头置于主纵梁箱室之外，最外侧吊杆采用 15－31 钢绞线，其余吊杆采用 15－22 钢绞线，吊杆间距为 7.2 m。吊杆索面与水平面夹角为 77°，吊杆安全系数 $K>3.0$。该桥梁主桥总平面布置图如图 7.1 所示。

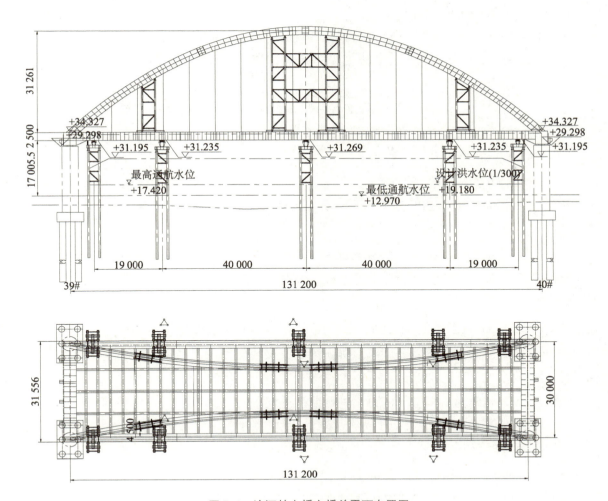

图 7.1　浍河特大桥主桥总平面布置图

根据设计部门的现场调研与方案比选，最终确定该桥主桥建造分为以下 16 个阶段：

（1）现场施工准备阶段：完成相应施工技术准备；对施工现场进行规划设计、安装防撞桩等工作；人员及设备的进场，并提前提出钢梁节段的进场顺序及时间要求。

（2）下部临时支架安装：提前进行临时支架钢管桩打桩；安装临时支架的上部结构；进行支架预压，检验合格后方可进行安装。

（3）钢梁下部结构拼装结构：按架设方案对纵横梁进行有顺序拼装、合龙，调整就位。

（4）钢梁焊接及检验阶段：焊前各节段需报验合格，现场焊接完成后须按要求进行探伤检查并报监理验收。

（5）钢箱拱临时支架安装：进行临时支架拼装，吊装至设计位置并调整标高。

（6）钢箱拱现场拼装阶段：按架设方案对钢箱拱进行有顺序拼装、合龙，调整就位。

（7）钢梁焊接及检验阶段：焊前各节段需报验合格，现场焊接完成后须按要求进行探伤检查并报监理验收。

（8）吊杆安装及张拉，系杆张拉。

（9）上部支架拆除。

（10）体系转换，临时支架拆除阶段：落梁，进行下部临时支架的拆除工作。

（11）混凝土桥面板安装，湿接缝施工。

（12）涂装施工：在梁体拼装完成后，对油漆破损局部进行补修、焊缝涂装及钢箱拱最后一道面漆涂装。本阶段要注意钢箱拱涂装质量及现场施工环境对油漆质量的影响。

（13）桥面线型调整：张拉系杆，进行吊杆调索并调整桥面线形。

（14）施工附属设施：进行施工桥面铺装及安装防撞栏杆，安装伸缩缝及其他附属设施。

（15）荷载试验：调整吊杆力，进行荷载试验。

（16）竣工验收。

建造过程中钢梁的架设是重点步骤。该桥梁主桥钢梁采用浮吊吊装、支架法组拼。由于通航要求临时墩预留通航孔净宽至少35 m，且纵横梁为全焊接结构，安装精度高，跨度大，因此对设备有很高的要求；同时，主桥钢箱拱高度较大，且具有一定的线型（即钢箱拱圈设计有一定线型，例如抛物线、多次曲线等，精确架设难度大），采用浮吊支架法高空架设，因此在施工的全过程中对支架进行监控，监测受力、变形、位移，确保施工期间的安全非常重要。主桥吊装分段图节段划分如图7.2所示。

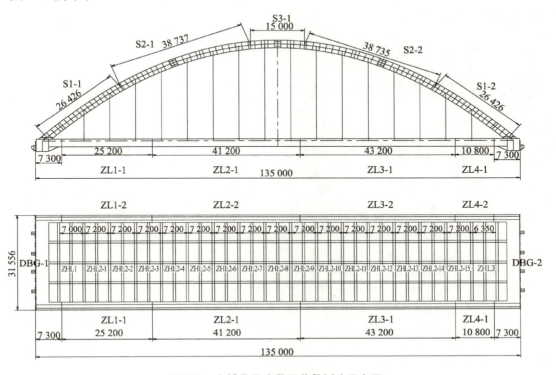

图7.2 主桥吊装分段图节段划分示意图

钢梁架设的具体流程如下：

（1）将足量吨位的履带吊移至现场施工的临时支架。

（2）将钢梁吊装节段运输至吊装位置，安装端横梁和纵横梁。安装时应进行全程线型监控，以保证杆件线型调整至设计要求，所有杆件安装均需要满足线型要求。

（3）搭设临时支架，保证拱肋线型，支架需要有足够的刚度、强度及稳定性。

（4）对称安装钢箱拱和吊杆。每个吊装段一端和安装好的钢箱肋段用匹配件临时连接，另一端置于临时支架上，用千斤顶微调拱肋标高、轴线与设计线型一致，同时安装横向风撑。

（5）在安装合龙段之前，须对已安装钢箱拱线型进行全天测量，找出钢箱拱温度控制变形量规律，并在合理时间内安装合龙段。首次张拉系杆，拱肋支架须逐步脱空。

（6）二次逐步张拉系杆，同步对称张拉吊杆，主梁逐步脱架。本过程须严格进行施工监控，详细查明吊杆、系杆、主拱及主梁受力、变形、稳定情况。

(7) 安装桥面板，两侧同步对称安装；拆除桥下临时支架。

(8) 三次张拉系杆，进行吊杆调索，并调整桥面线形。调整吊杆力，进行荷载试验，竣工验收。

7.2 三维激光扫测现场实施方法

7.2.1 三维激光扫描对象与工况确定

根据桥梁建造过程中的工程经验，统筹考虑桥梁建造中的关键阶段，选取纵梁、拱肋的线型和下部支架斜撑角度作为扫描对象，同时选取以下三维激光扫描工况：

(1) 端横梁架设；

(2) 主梁安装完成；

(3) 钢拱肋 1—2 节段安装、钢拱肋 3—4 节段安装、钢拱肋合龙；

(4) 吊杆每初张拉完成 4 对；

(5) 系杆初始张拉完成；

(6) 桥面板铺设完成；

(7) 桥面线型调整完成；

(8) 系杆最终张拉完成；

(9) 桥面铺装施工完成。

7.2.2 三维激光扫描现场实施

由于桥梁建设过程中现场环境复杂，因此测量人员须在确保自身和扫描设备安全和不影响桥梁建造过程的情况下，选取最利于扫描工作的位置对扫描对象进行三维数据的获取。本工程采用法如公司的 Focus S350 型号扫描仪进行测量工作。该扫描仪质量轻便，同时具有较高的扫描精度，很适合环境较复杂的桥梁建造现场的扫描工作。

不同建造阶段的测站位置如图 7.3 所示。

由于桥面测站的扫描内容为桥梁结构中的主要受力构件，例如主纵梁、钢拱肋等，因此扫测时测站设置应相对密集，以获取更完整的构件点云数据。除了在左右纵梁上沿纵向各布置 10 个测站之外，还需在南北端的横梁处各布置一个测站，在确保完整获取桥梁构件的点云模型时，增强了各测站间的重合率，为后续拼接形成完整桥梁点云建立基础。

(a)端横梁扫描测站位置

(b)桥下支架扫描测站位置

(c)铺装桥面前钢梁和钢拱扫描测站位置

(d)铺装桥面后钢梁和钢拱扫描测站位置

图 7.3　不同建造阶段的测站位置

7.3 桥梁建造空间形态精细化识别与变化跟踪

7.3.1 桥梁建造阶段点云模型

扫描得到的桥梁下部支架点云模型如图7.4所示。

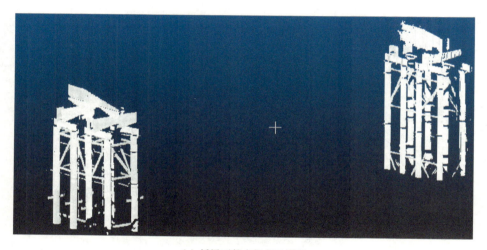

(a) 桥梁下部支架点云模型

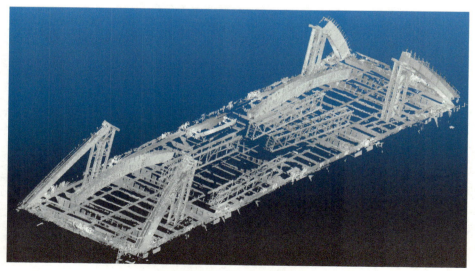

(b) 拱肋部分节段安装完成点云模型

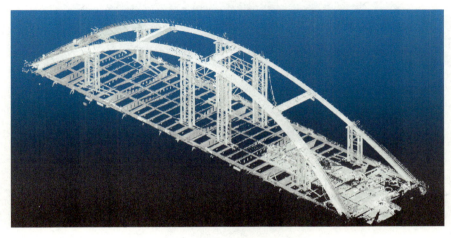

(c) 拱肋全部节段安装完成点云模型

(d) 桥面铺装施工安装完成点云模型

图 7.4 桥梁下部支架点云模型

7.3.2 点云模型测线与坐标系选取

主纵梁的竖向变形和扭转,以及钢主拱的竖向变形是桥梁建造空间形态识别中的重要指标,它们反映了桥梁在建造过程中的受力状态。对于左右两根主纵梁,在点云模型中分别选择它们外缘和中间两条纵测线,如图 7.5 所示。对于左右两根钢主拱,在其点云模型中从其内缘选取两条测线,如图 7.6 所示。同时,以纵桥向为坐标轴,建立三维点云的空间坐标系,如图 7.7 所示。

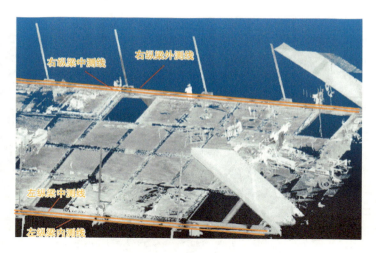

图 7.5 左右主纵梁测线

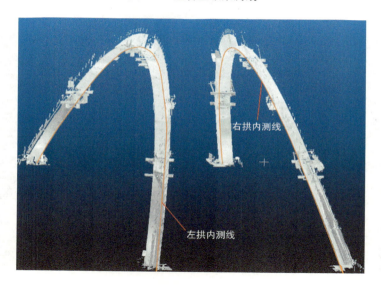

图 7.6 左右主拱测线

图 7.7 坐标系方向选取

7.3.3 空间形态识别与跟踪

通过识别测线的空间线型数据可以实现对主纵梁和钢主拱瞬时状态的空间形态识别，而为了实现对桥梁建造状态的及时跟踪，则需要对相邻两个工况的线型数据进行对比分析，依此判断桥梁状态是否在合理可控的范围内。

以系杆终张拉完成（工况1）和桥面铺装施工完成（工况2）这两个连续的工况为例，介绍桥梁建造过程中的空间形态识别与跟踪方法。

从图7.8、图7.9中可以看出，在系杆终张拉完成和桥面铺装施工完成这两个工况下，扫描得到的左右两根主纵梁的空间线型几乎一致，相同位置的高差基本保持在1 cm以内，跨中位置最大高差在2 cm左右，处于桥梁变形监控的可接受范围内。

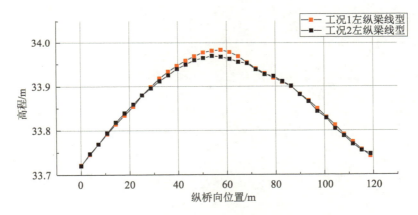

图7.8 两工况左纵梁线型对比

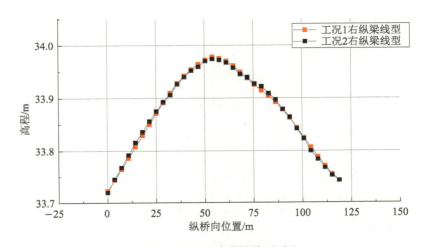

图7.9 两工况右纵梁线型对比

如图 7.10、图 7.11 所示，在两个工况下扫描得到的左右两根主拱梁的空间线型几乎一致，相同位置的高差基本保持在 1 cm 以内，跨中位置最大高差在 2 cm 左右，处于桥梁变形监控的可接受范围以内。

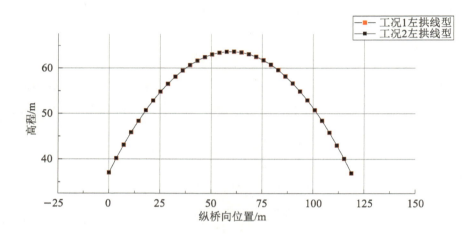

图 7.10 两工况左主拱线型对比

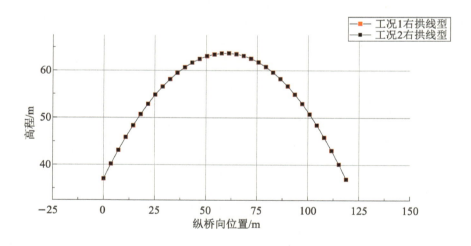

图 7.11 两工况右主拱线型对比

如图 7.12—图 7.15 所示，在两个工况下，桥梁左纵梁与右纵梁的边缘线和中心线线型整体在竖直方向上无相交现象，中心线整体位于外边缘线上方，因此可以判断在桥梁该时间段的建造过程中，左右主纵梁并未出现明显的扭转现象。

第 7 章　桥梁建造空间形态非接触数字化监控

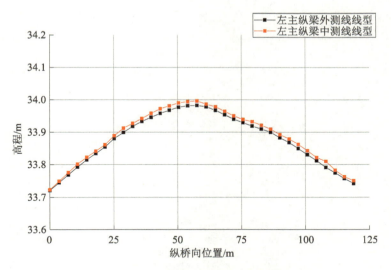

图 7.12　系杆终张拉完成工况左纵梁扭转示意

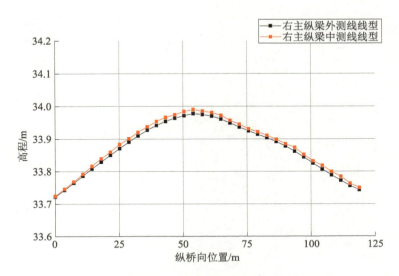

图 7.13　系杆终张拉完成工况右纵梁扭转示意

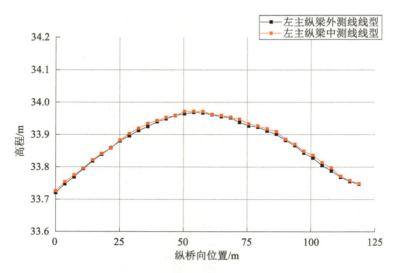

图 7.14 桥面铺装施工完成工况左纵梁扭转示意

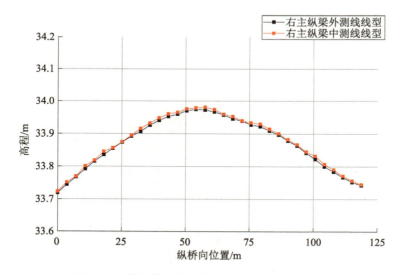

图 7.15 桥面铺装施工完成工况右纵梁扭转示意

第 4 篇

桥梁服役期数字化构模、识别与评估技术

第 8 章

桥梁建造方量快速实测与超方精准评定

本章以京杭运河特大桥为例,介绍采用三维激光扫描方法对结构进行几何建模,从而对建造实际使用的混凝土方量进行快速测定,评定建造超方问题,对主梁下挠病害进行分析。

8.1 应用场景与背景桥梁介绍

8.1.1 应用场景

主梁线形测量是大型桥梁结构健康监测的主要内容之一[1]。在连续梁桥运营期间,车辆荷载的长期作用会对主梁线形产生影响,可能出现跨中下挠的现象。而主梁挠度反映了桥梁结构的竖向刚度,是评价桥梁受力性能的重要指标[2]。影响主梁线形的因素有很多,其中比较隐蔽的是由混凝土超方引起的[3]。

工地上传统的计算混凝土方量的方法,一般是手动量取尺寸并计算,这样不仅工作量巨大,而且很容易产生过大的人为误差,无法实现实际混凝土方量的快速识别。为了解决这一问题,以京杭运河特大桥为案例,提出了一种基于三维激光扫描技术的桥梁建造方量快速实测与超方精准评定方法。该方法分别对混凝土主梁内腔与外壁进行三维数字建模。通过对主梁内部进行三维建模得到内腔体积,通过外壁进行三维建模得到外壁体积;二者体积之差即为实际主梁混凝土方量。在数字建模后,将主梁实际混凝土方量与设计理论方量进行对比,从而完成其主梁下挠病害的检测分析

---

[1] 王凌波,王秋玲,朱钊,等.桥梁健康监测技术研究现状及展望[J].中国公路学报,2021,34(12):25-45.
[2] 徐进军,郭鑫伟,廖骅,等.基于地面三维激光扫描的桥梁挠度变形测量[J].大地测量与地球动力学,2017,37(6):609-613.
[3] 叶见曙,黄志伟,张峰.连续箱梁混凝土超方问题研究[J].公路交通科技,2006(S1):47-50,61.

与评估。

8.1.2 背景桥梁介绍

本章所涉及技术与方法的应用场景基于一座预应力连续箱梁桥——常宜高速常州绕城段京杭运河大桥。该桥位于江苏省常州市内，路线与京杭运河交叉，交叉角度为 95.7°。该桥上部结构采用变截面预应力混凝土连续箱梁，箱梁按全预应力构件设计，并采用挂篮悬臂分节段浇筑施工，跨径布置为 72 m+115 m+72 m；下部结构主桥主墩采用实体式桥墩，过渡墩采用柱式墩。主梁箱梁跨中梁高 2.9 m，底板厚 0.3 m，根部截面梁高 6.5 m。按原设计图纸计算，主桥箱梁混凝土体积（除齿板外）共计 8 913.0 m^3。

常宜高速常州绕城段京杭运河特大桥为早期建设桥梁，近期出现明显的主梁下挠现象，其工作状态可能已发生较大变化。经初步分析判断，可能是由主梁混凝土超方导致，所以有必要对该桥的实际混凝土土方量进行测算。桥梁设计立面图和桥梁设计平面图分别如图 8.1 和图 8.2 所示。

8.2 三维激光扫测现场实施方法

该桥位于郊区，周围地势平缓，大型植被稀少，测量环境较佳。对京杭运河大桥的三维激光扫描实施方法主要有以下几个步骤：

1) 桥梁周围及内部环境考察

虽然桥梁周围环境较佳，从视野开阔的角度考虑大多数位置都适合架设测站，但是为了提高扫描效率和降低后续处理难度，依然要选择最合适的测站位置。由于该桥主跨 115 m，所以可以通过步行观察的方式在现场直接选择测站。选择的测站须遵循第 3 章的要求，同时为了提高拼接精度，要兼顾标靶的可视性。经过勘探，最终选择了运河两岸的桥底 2 个测站和运河两岸桥的两侧 4 个测站，共 6 个测站。

对于箱梁内部，由于是直线形的空间，测站位置架设在中线位置即可。为了防止箱梁内部的障碍物阻挡扫描视线，可以沿正向和逆向分别进行扫描，然后进行拼接，以得到最接近完整的点云模型。同样为了提高拼接精度，要一并考虑标靶的摆放位置。经过勘探，最终选择了正向 4 站，逆向 4 站，共 8 个测站。

2) 在测站点进行三维激光扫描

根据环境考察，由于是自然条件下的露天中型桥梁，本次选用徕卡 ScanStation

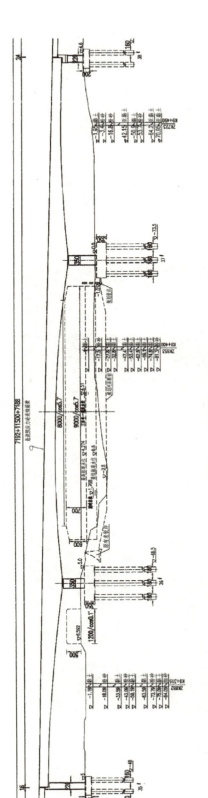

图 8.1 桥梁设计立面图

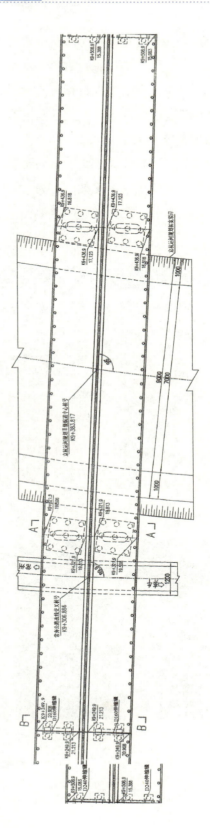

图 8.2 桥梁设计平面图

P50 三维激光扫描仪进行扫描以获得更好的效果。确定好某个测站位置后即可在该位置使用三维激光扫描仪进行数据采集。开始扫描前须事先设置好扫描仪的扫描参数。其中，扫描分辨率根据目标的点云数据点密度进行设置，灵敏度、质量根据分析需要的准确度进行设置。扫描仪旋转角度根据该站目标物范围确定。

3）数据复核以及复测

完成所有测站的数据采集后，将数据在扫描仪适配的处理软件中打开，依次观察单站数据是否存在数据无效（一般由扫描过程中扫描仪受外力失衡导致）、数据缺失等现象。如果存在，需返回该测站进行补测。箱梁扫测示意图如图 8.3 所示。

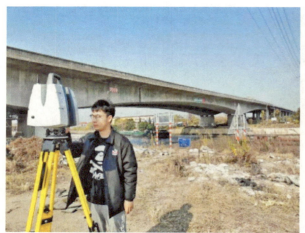

（a）箱梁外部扫描

（b）箱梁内部扫描

图 8.3　箱梁扫测示意图

8.3 面向方量快速测算的箱型主梁点云模型处理方法

1) 预处理

(1) 导出数据

在扫描完成后,目标点云的原始数据都被存放在仪器里,可以通过 U 盘把数据从仪器导入计算机进行处理。

(2) 检查点云图

现场扫描完成时只能看到扫描结果的平面预览图,只能大致判断扫描的完整程度。通过徕卡配套的点云处理软件 Cyclone 可以在三维视图下全面观察目标点云,判断扫描质量。对于质量很差的测站,要及时重测。

(3) 点云拼接

目标点云分散在各个测站里,必须拼接后才能形成完整的三维模型。在 Cyclone 里可以对各测站的点云进行拼接,由于扫描时没有设置标靶,所以可以选择基于视图的拼接方法。即先手动将相邻两站的点云在三维空间里大致对齐,然后通过软件进行精细配准。本次扫描分为内外两个环节,可以分别进行拼接。如图 8.4 所示。

(a) 主梁外侧点云图

(b) 主梁内侧点云图

图 8.4 扫测结果图

2) 对齐处理

参考该桥的设计图纸，在拼接好的内、外点云模型中选择特征线或特征面，将其在三维空间中对齐。对齐后即可得到当前箱梁的真实模型。

3) 切片处理

为了分析箱梁的方量，必须先得到实际的箱梁体积。虽然该桥箱梁底板下缘在纵桥向整体呈曲线变化，但是在每个节段上是呈直线变化的。可以在图像处理软件 Geomagic 中参考设计图纸，每隔一定的间距创建一个竖直方向的切面。为了防止切面内的点不够描述梁的几何形状，可以向两侧各延伸 0.5 cm，形成一个厚 1 cm 的立方体框，如图 8.5 所示。

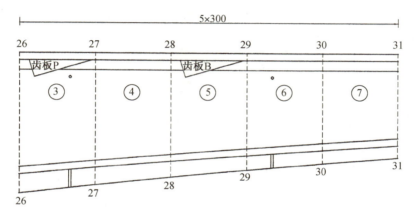

(a) 节段设计图

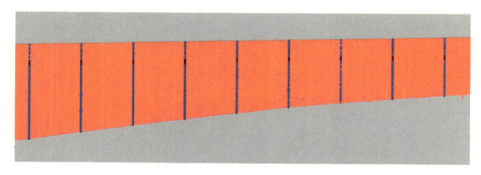

(b) 软件中划分的节段

图 8.5 切片处理示意

4) 测量体积

（1）拟合轮廓

将每个立方体框内的点云导入 MATLAB 中，然后投影到一个竖直的平面上，利用软件将点拟合成线，从而勾勒出每个切片内箱梁的内外轮廓。

（2）计算面积

有了轮廓以后就可以计算箱梁每个截面的面积。相邻 2 个截面之间以直线过渡，由此可以得到每个区间里箱梁的体积。

8.4　桥梁建造超方精准评定方法

1）箱梁理论方量计算

箱梁的每个节段断面在设计图上都有专门呈现，如图 8.6 所示，由此可以精确计算出该节段内的混凝土理论方量。

2）逐个节段方量对比

通过 MATLAB 自动对比各个节段的理论方量与实测方量，并计算超方量，将计算结果以表格形式输出。

3）具体超方部位分析

考虑测量误差，对计算得到的超方量设置 1‰ 的容许误差。超过 1‰ 的节段要进行进一步分析。从横断面来看，箱梁的轮廓线为直线，因此可以通过对比设计尺寸和实测尺寸的方式来判断超方位置。

将箱梁的各条轮廓线进行编号，输入设计图上的尺寸，并与测量点云拟合出的相应的轮廓线进行对比，即可得到具体的超方部位。

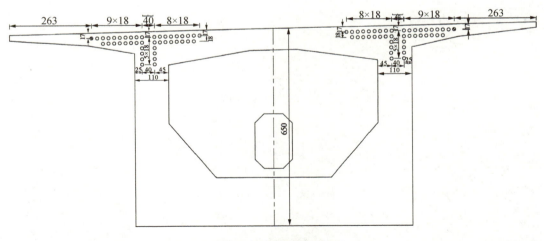

图 8.6　箱梁横断面设计图

第 9 章

桥梁服役空间形态非接触数字化识别

本章以一座多跨刚构桥梁为例,利用点云配准算法对山区复杂环境下的高墩桥梁进行三维激光建模,分析结构在服役过程中的局部变形和支承变形,分析桥梁的病害。

9.1 应用场景与背景桥梁介绍

本章节所涉及技术与方法的应用场景基于一座多跨刚构桥梁——河东特大桥。该桥梁位于安徽省岳西县响肠镇无愁村外畈组某处山区,全长 1 010 m,由左、右两幅桥组成,桥梁主桥部分实景图如图 9.1 所示。其中,主桥为六跨(66 m+4×

图 9.1 河东特大桥主桥部分实景图

120 m+66 m)预应力混凝土连续刚构+连续箱梁,桥长 612 m。引桥由一侧为一联 8 跨 30 m 预应力混凝土连续小箱梁,另一侧为一联 5 跨 30 m 预应力混凝土连续小箱梁组成。体系上,2—4 号墩为墩梁固结,0、1、5、6 号墩墩顶均设置盆式橡胶支座。上部结构中,现浇箱梁采用 C55 混凝土,预制箱梁、现浇接头和湿接缝等采用 C50 混凝土;下部结构中,连续刚构主墩采用 C55 混凝土,连续梁主墩采用 C40 混凝土,承台及基桩采用 C25 混凝土。位于曲线部分的桥梁,其桥墩横向按径向布置,且左、右幅桥墩在一条线上。该桥梁纵向预应力钢束采用美国标准 ASTM 416—2002 270 级高强低松弛钢绞线,单根钢绞线直径为 15.2 mm,每股面积为 140 mm^2,$f_{pk}=1\,860$ MPa(即预应力钢筋的强度标准值为 1 860 MPa),最小破坏荷载 260.7 kN,张拉控制应力 $\sigma_{con}=0.75f_{pk}$。河东特大桥连续刚构部分(主桥)立面图和平面图如图 9.2 所示。

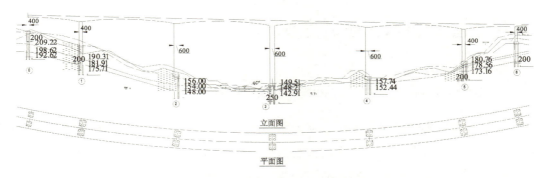

图 9.2 河东特大桥连续刚构部分(主桥)立面图和平面图(单位:cm)

根据河东特大桥定检报告中的相关结论,多年运营使用后,该桥主桥多跨主梁腹板以及翼缘板均存在较为明显的纵向开裂,如图 9.3 所示。且在桥面进行的原始测点高程测量结果也反映出主桥有不同程度的跨中下挠。因此,有必要对桥梁整体及其构件的空间形态进行进一步识别,以判别其更为准确的运营状态。

图 9.3 河东特大桥腹板及翼缘板裂缝

河东特大桥作为高墩桥梁,最高墩高达 83 m,使用接触式检测方法对桥梁进行检测成本高且效率低。同时,对于传统非接触式检测,例如在地面使用水准仪、全站仪等光学仪器时,由于量程限制,难以在长距离范围内获取桥梁构件表面准确的坐标信息,且这些单点测量效率较低,难以获取桥梁各个位置的准确变形,而这也将引起对桥梁结构实际运营状态评估的局限性。

为提高山区高墩桥梁管养检测的可行性与评估方法的科学性,以河东特大桥为例,提出一种基于激光扫描技术的高墩桥梁几何形态识别与评估的方法。该方法利用三维激光扫描技术,降低了获取山区高墩桥梁状态信息时恶劣环境对检测准确性、全面性、细节度的不利影响。以"域"为检测对象,通过扫描得到三维点云模型,研究准确识别桥梁结构空间几何形态的技术方法。

9.2 三维激光扫描现场实施方法

9.2.1 山区高墩桥梁三维激光扫描现场实施原则

利用三维激光扫描仪进行桥梁点云数据采集时,由于受到地理条件的约束、被测物体空间构型的影响,以及三维激光扫描仪自身扫描范围的限制,通常不能仅通过一站扫描覆盖整个桥梁结构,因而需要进行多站点扫描,最终通过多站点云数据的拼接实现整体三维模型的构建。

选择测站点的原则为:通过对应参考进行拼接时,要保证相互拼接的两个扫描测站中至少有两个对应参考,并可通过增加每个扫描的参考数改进注册结果,不同类型的扫描仪拼接所必需的最小对应参考数目有一定差异;在未设置对应参考的情况下,必须保证相互拼接的两个扫描测站具有公共点云,即两站重合部分达 50% 以上,此时可使用视图拼接方式对两站进行拼接。本书 3.3 节中已经对点云拼接原则与技术做了详细介绍,此处不再赘述。通常根据测站点的布置原则以及被扫描结构实际的地理位置拟定测站点布置方案。

如图 9.4 所示,河东特大桥地处山区,地势条件复杂,树木茂密,数据采集工作的环境较恶劣。一些地势陡峭、野生树木丛生的地方检测人员难以抵达,很难作为测站点;又因为野生植物生长得较高,在丛林之中设置测站点会使仪器视线受阻,难以扫描到被遮挡的桥梁结构。并且由于桥梁体量庞大,相邻两个测站间一般距离较远,而使用对应参考进行拼接时,扫描仪对其进行捕获的量程有限,因此在

图 9.4　河东特大桥地理环境

山区进行桥梁点云获取时，须保证相邻测站重合度在 50% 以上。

为保证数据的完整性，确保高墩桥梁构件关键部位的点云不出现缺失，在条件允许的情况下，原则上需要在几处固定位置设置站点。

1) 近点桥墩底部

桥墩底部有时可被视为桥梁结构中位置不发生变化或变化较小的部分，该区域点云的完整性可能影响到后续不同时间测得点云数据的配准结果。因此，通常在近点墩底地面上 4 个角点附近架设测站，从而实现对该位置表面点云的完整获取。

2) 近点跨中位置

高墩桥梁墩梁连接处的形态变化往往是评判桥梁边界条件与支承状态的重要指标，该区域点云数据的完整性也显得尤为重要。当桥梁跨径远小于扫描仪量程时（考虑扫描仪到墩梁连接处的实际距离），上述墩底 4 个角点位置测站发射的激光可以投射至远端墩梁连接处，此时无须增设测站。若桥梁跨径大于或接近扫描仪量程，即墩底位置发射的激光无法接触到远端墩梁连接处，则需要在桥跨中间合适位置增设测站，一般以桥梁近点跨中位置为宜。可根据实际情况适当调整扫描仪的位置。

3）远点桥梁侧面

在近桥位置处完成点云数据采集后，对于体量较大的桥梁，往往需要在桥梁侧面远端进行一次长距离全局扫描。该方法可以避免近点扫描出现死角，远点长距离扫描虽然点密度较近点扫描略低，但可以有效补偿近点扫描可能出现的数据缺失。其次，近点扫描测站受地理条件限制，可能会出现相邻测站重合度不高的现象，而远点扫描数据则可以作为公共连接点云，提高点云重合度，提升拼接精度。最后，由于山区桥梁所处山区地形的复杂性，测量人员难以到达部分既定的测量点，此时可在其他具备设站条件的位置增设若干测站。通常在桥墩底部附近设置 3—4 个测站点，两个相邻桥墩之间设置 1—3 个测站点，依据跨径长短、仪器视野范围等增加或减少测站点。

9.2.2　三维激光扫描现场实施方法

在山区野生环境中进行三维激光扫描时，应因地制宜，尽量选择视野相对开阔的地点作为测站点，并且遵循山区高墩桥梁三维扫描现场实施原则。河东特大桥三维激光扫描现场实施方法主要分为以下几个步骤：

1）桥梁周围环境考察

由于桥梁体量庞大，且其所处地势复杂，难以仅通过某一个视角确定所有测站的合适位置，所以首先需要测量人员对河东特大桥桥梁环境进行全方位考察。主要观察内容为原则上所必需的测站位置是否具备架设条件；若不具备，则应观察其附近是否有可代替的测站位置。最终确定的全部测站位置在平面图中以"×"标出。如图 9.5 所示。

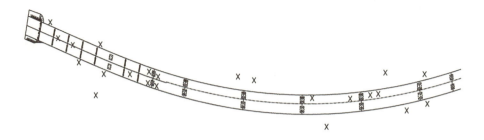

图 9.5　河东特大桥测站位置

2）测站点三维激光扫描

确定好某个测站位置后即可在该位置使用三维激光扫描仪进行数据采集，如

图 9.6 所示。开始扫描前需事先设置好扫描仪的扫描参数。其中，扫描分辨率根据目标点云数据点密度进行设置，扫描仪旋转角度根据该站目标物范围确定。

(a) 近点跨中位置扫描

(b) 近点墩底附近扫描

(c) 远点桥梁侧面扫描

图 9.6 多测站现场实测

3）数据复核以及复测

完成所有测站的数据采集后，将数据在扫描仪适配的处理软件中打开，依次观察单站数据是否存在数据无效（一般由扫描过程中扫描仪受外力失衡导致）、数据缺失等现象。如果存在，则需返回该测站进行补测。

9.2.3 山区复杂环境对测站选位的影响

根据三维激光扫描仪的工作原理与特点，结合多次山区桥梁现场实测的经验，总结归纳得到山区的复杂环境对三维激光扫描工作选位的影响主要有以下几个方面：

1）测量视线影响

山区环境的最普遍特点主要为：非目标物数量以及体量庞大，会对桥梁结构产生遮挡。例如，高大的树木经常会给激光扫描工作带来一定的困难，如图 9.7 所示。

图 9.7　树木对桥梁的遮挡

对于山区的高墩桥梁来说，桥梁高度较大，测量时可以将仪器架设于相对高度较高处，即可避免高大树木对其主梁的遮挡，如图 9.8 所示。

图 9.8　高点位置设站

值得注意的是，虽然高大树木对桥梁扫描的影响可通过手动或自动的方法消除，但一些生长于桥墩底部附近的植物同样会对桥墩的数据获取带来一定影响，如图 9.9 所示。

图 9.9　杂草对于桥墩底部的遮挡

2）设站位置影响

山区复杂的地理环境同样会对扫描工作造成较大的影响。三维激光扫描仪工作时放置在三脚架之上，要求具有较为稳定的工作平台。山区环境以山坡倾斜地带为主，某些测站由于视角限制，往往必须架设于这种地形之上，否则可能出现数据不完整等情况。

如图 9.10 所示，扫描人员为了获取相对完整的桥墩数据，将扫描仪架设于靠近桥墩的斜坡上。由于扫描仪工作时仪器会有轻微振动，在这种平台上工作时，这种振动可能会造成三脚架失稳，对仪器造成损坏。

一般情况下，不建议将仪器架设于该种地形之下。必须在该处架站时，安装固定三脚架时需反复检查，确认三脚架的稳定。仪器工作时，需要安排测量人员对仪器及脚架的状态进行监控，防止仪器出现失稳跌落等现象。

3）参数设置影响

在山区条件下，很难在预先设定好的所有测站位置都放置测站点，这些测站点的缺失势必会造成点云数据的残缺。再加上山区桥梁一般跨度、高度都较大，因此

图9.10 设置于斜坡上的扫描仪

图9.11 远、近距离位置测站

需要在桥梁近处以及远处都设置若干站点，如图9.11所示。

图9.11中近处与远处的测站扫描时最大的区别在于扫描仪参数设置。每个扫描仪一般都具有多种距离模式，一般根据该测站位置所需要扫描的最远物体设置。远距离测站选择远距离模式，近距离测站选择近距离模式。

除距离模式外，分辨率与灵敏度也是三维激光扫描仪的常见参数。由于远近测站的设置，其指标也需要适应距离模式的变化。分辨率指点云密度，即点与点之间的间距。远距离扫描时，适当增大分辨率可使得远处的被测物体点密度更加符合要求；近距离扫描时，由于被测物体较近，可适当减小分辨率，在保证点云密度的前提下缩短扫描时间，提高扫描效率。

9.3 桥梁服役空间形态精细化识别

9.3.1 桥梁点云配准算法

在桥梁服役空间形态识别中应用三维激光扫描技术时，通常需要在两个不同时间节点分别对桥梁进行三维激光扫描，获取桥梁在两个不同时间点的三维点云模型[1]，然后对2个点云进行配准，使2个点云实现最大程度的重合。配准后两个点云中对应点之间的差值即为该时间段内桥梁空间形态的变化值。因此，配准算法的准确性在极大程度上决定了空间形态识别结果的准确性。

获取时间较早的点云一般为源点云，获取时间较晚的点云一般为目标点云。配准实质上是将目标点云按照某个转换矩阵进行空间变换，使其2个点云都存在于相同的坐标系下。点云配准通过一个包括旋转信息和平移信息的变换矩阵将不同坐标系下的点云数据转化到同一参考坐标系下。该变换矩阵包含旋转量 $α$、$β$、$γ$ 以及平移量 t_x、t_y、t_z。要求解这6个未知量，至少要在2个点云中找到3组不共线对应点对，才可以求得这几个未知量，从而得到变换矩阵。通常，会选择尽可能多的点对进行变换矩阵求解，而传统ICP（迭代最近点）算法就是在目标点云中寻找与源点云中各点的对应点，然后将对应点对进行配准并求解变换矩阵[2][3]。

本章将介绍传统ICP配准算法以及一种改进的点云配准算法[4]：基于特征点云的配准算法。这种改进算法通过排除干扰点，仅仅选择特征点进行配准，最终得到

---

[1] 赵立都,向中富,周银,等. 利用地面三维激光扫描进行桥梁挠度变形分析[J]. 测绘通报,2022(5): 95-100.
[2] Besl P J, McKay N D. A method for registration of 3-D shapes[J]. IEEE Transactions on Pattern Analysis and Machine Intelligence, 1992, 14(2): 239-256.
[3] 解则晓,徐尚. 三维点云数据拼接中ICP及其改进算法综述[J]. 中国海洋大学学报(自然科学版),2010,40(1): 99-103.
[4] Kalasapudi V S, Tang P, Xiong W, et al. A multi-level 3D data registration approach for supporting reliable spatial change classifcation of single-pier bridges[J]. Advanced Engineering Informatics, 2018, 38: 187-202.

转换矩阵,并将该矩阵施加到目标点云上,完成点云配准。

1) 传统 ICP 配准算法

传统 ICP 配准算法的基本原理是:分别在源点云 P 和目标点云 Q 中寻找最近邻点对 (p_i, q_i),并计算出使得误差函数 $\text{erf}(\boldsymbol{R}, \boldsymbol{T}) = \frac{1}{n} \sum_{i=1}^{n} \| q_i - (\boldsymbol{R} p_i + \boldsymbol{T}) \|^2$ 最小的旋转矩阵 $\boldsymbol{R}$ 和平移矩阵 $\boldsymbol{T}$。

传统 ICP 配准算法的步骤为:

(1) 在源点云中选取目标点集 $P = \{p_1, p_2, \cdots, p_n\}$,此处点集 P 为删除环境点云后的桥梁点云;

(2) 在目标点云中找出距离源点云中各点最近的点,形成目标点集 $Q = \{q_1, q_2, \cdots, q_n\}$;

(3) 计算使误差函数最小旋转矩阵 $\boldsymbol{R}$ 和平移矩阵 $\boldsymbol{T}$;

(4) 对点集 Q 使用旋转矩阵 $\boldsymbol{R}$ 和平移矩阵 $\boldsymbol{T}$ 进行空间变换,得到新的点集 $Q' = \{q'_i = \boldsymbol{R} \cdot q_i + \boldsymbol{T}, q_i \in P\}$;

(5) 计算点集 Q' 中各点与点集 P 中对应点间距离的方差值,$d = \frac{1}{n} \sum_{i=1}^{n} \| q'_i - p_i \|^2$;

(6) 若 d 小于某一给定的阈值或者迭代次数大于预设的最大迭代次数,则停止迭代计算,否则返回步骤(2)继续计算,直到达到收敛条件为止。

传统 ICP 配准算法在点云初始状态较好时,即新旧点云配准前已经处于粗略对齐状态时,通常可以得到很好的配准结果,且 ICP 算法思路清晰,效果直接。但同时该算法也存在明显缺陷[①]:① 由于每一次迭代都要搜索最近点,故算法效率较低;② 对新旧点云初始对齐状态的要求较高。

2) 基于特征点的配准算法

在不同时间获取的点云中,对于环境点云中发生变化的点,例如树木、车辆等,可以通过人工删除的方法进行排除[②]。而对于桥梁本身点云中位置发生变化的点,无法直接通过简单手段直接筛选并剔除。此时需要通过特定手段来判断桥梁中哪部分的点出现了位置变化。基于特征点的配准方法首先辨别桥梁点云内部哪些点发生了变化,然后使用未发生变化的点集进行配准。算法步骤如下所示,为了与传

---

① Besl P J, McKay N D. A method for registration of 3-D shapes[J]. IEEE Transactions on Pattern Analysis and Machine Intelligence,1992,14(2):239-256.

② 熊文,李刚,张宏伟,等.基于点云数据与工程知识的桥梁形态变化识别方法[J].湖南大学学报(自然科学版),2022,49(5):101-110.

统 ICP 算法区分，将源点云称为 OC，目标点云称为 NC：

（1）对源点云 OC 和目标点云 NC 进行裁剪和抽样，使得两个点云具有相似的密度和大小；

（2）利用主成分分析法对点云进行平面拟合，分别形成两个主平面 P_1 和 P_2，将两个主平面中心点的距离设定为阈值，代表两个点云中心的距离；

（3）寻找源点云 OC 和目标点云 NC 中的对应点，使得点云 NC 中的每一个点 N_i 在点云 OC 中都有与之对应的点 O_i，同时分别计算 N_i、O_i 到主平面 P_1 的距离；

（4）将距离差值超过阈值的点视为干扰点并排除，同时使用剩余点，即未发生位置变化的点集进行配准，得到两个点集之间的转换矩阵；

（5）使用该转换矩阵对目标点云进行空间变换。

算法流程图如图 9.12 所示。

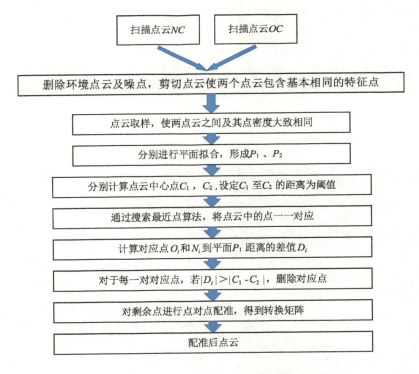

图 9.12 基于特征点的配准算法流程图

该方法仅需要对每个点进行一次最近邻点搜索，相较于传统的 ICP 方法，每一次迭代都要对点集中的所有点进行最近邻点搜索，提高了配准效率。此外，该方法通过设定阈值，将变化超过阈值的点视为干扰点，将变化不超过阈值的点视为不动点，以此作为新旧点云的配准依据。该方法解决了传统配准算法中干扰点对配准准确度产生影响的问题，同时由于配准过程中仅保留了视为不动点的点云，减少了参加配准的点云数据，既提高了配准精度，也提高了配准效率。

9.3.2 基于配准算法的桥梁空间形态精细化识别

本节以河东特大桥主梁空间形态为例，根据基于特征点的配准算法，介绍桥梁空间形态的识别方法。获取的桥梁整体点云如图 9.13 所示，首先从桥梁点云中提取目标主梁的点云，这里选择主桥跨中的某一跨主梁，如图 9.14 所示。

图 9.13　桥梁整体点云

图 9.14　主梁点云

对这三跨主梁采用基于特征点的配准算法进行配准，源主梁点云和目标主梁点云之间的配准残差即为构件内部的变形。如图 9.15（a）所示。

同时，主梁中发生竖直向下和向上的点分离，如图 9.15（b）、(c) 所示，可以发现两类点分布于主梁对角线的两侧，因此可以判断该主梁沿着其对角线的方向发生了一定程度的扭转。

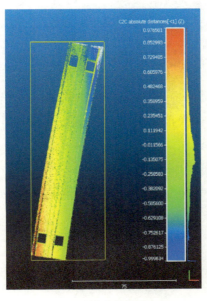

(a) 竖向位移云图

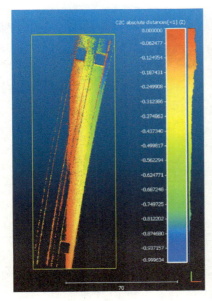

(b) 竖直向下变形点云图

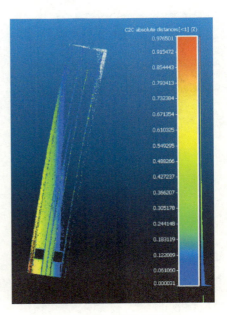

(c) 竖直向上变形点云图

图 9.15　主梁竖向位移云图

9.4 桥梁形态变化分析与服役状态评估

9.4.1 基于局部变形的形态变化分析与服役状态评估

本节基于桥梁局部变形，介绍一种将识别得到的构件点云配准残差自动分类为各种不同的位移形式，例如受拉、受压、弯曲以及扭转等，以实现对桥梁形态变化分析和服役状态的评估的方法。

（1）由弯曲导致的桥梁构件局部变形状态评估

当构件自身发生弯曲扭转变形后，其表面法线矢量方向会出现相应的旋转。根据识别得到的法线之间相对旋转方向，可以反映出构件变形的类型与方向，如图 9.16 所示。

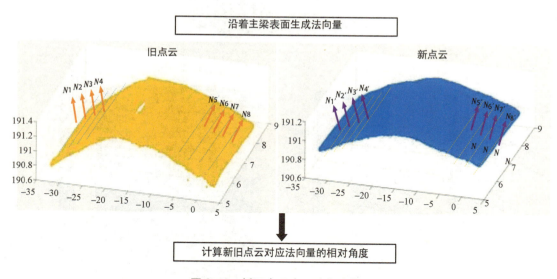

图 9.16 新旧点云表面法向量提取

（2）由扭转导致的桥梁构件局部变形状态评估

通过构件表面单点或多个点的法向量变化只能反映构件整体弯曲状况，不能识别其可能出现的更为复杂的空间扭转变形。这里提出一种识别平面法向量变化的方法。

如图 9.17 所示，该方法首先选择新旧桥梁构件点云位于四个角点的平面，分别计算得到它们的法向量 N_1、N_2、N_3、N_4 以及 N_1'、N_2'、N_3'、N_4'。如果

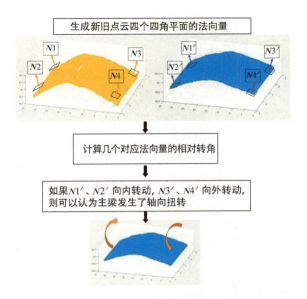

图 9.17　构件平面法向量识别

$N1'N2'$ 相对于 $N1N2$ 发生向内的转动，同时 $N3'N4'$ 相对于 $N3N4$ 发生向外的转动，则可以说明该主梁构件沿着轴向发生了扭转。

9.4.2　基于支承条件的形态变化分析与服役状态评估

桥梁支座是连接桥梁上下部结构的工具，对于整个桥梁结构具有重要的作用。保证桥梁支座的质量和性能具有重大意义。影响支座使用年限的因素很多，对于橡胶支座，最为常见的就是产品本身质量和橡胶老化，除此之外，还包括支座的设计、支座的选用与布置、支座的施工及安装、在运营过程中支座的检查，以及维护等。

本节介绍一种基于支承条件的桥梁服役状态评估方法，该方法首先通过配准算法得到桥墩构件以及主梁构件中的内部变形，在已知的内部变形中提取支座厚度变化，通过支座失效标准实现对桥梁支承条件的分析与评估。

为了得到桥梁支座厚度的变化情况，这里通过计算两个拟合平面间的距离进行分析，分别为桥墩顶部平面和主梁支座位置底部平面，如图 9.18 所示。

计算得到两平面的位置差异如图 9.19 所示。

从图 9.19 中可以看出，该支座的厚度沿着纵桥向呈现减小趋势，说明主梁出现的纵向偏转对支座形状产生了一定的影响。从数值上看，支座厚度差的最大值为 7 mm，该数值远远小于其自身尺寸的 0.25 倍。根据桥梁支座状态分级评定规范，该数值暂未达到支座脱空的标准，可认为该支座目前仍然处于良好的工作状态。

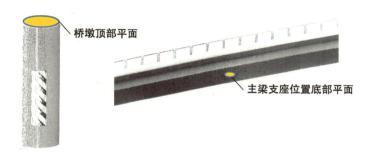

图 9.18　支座位置平面拟合

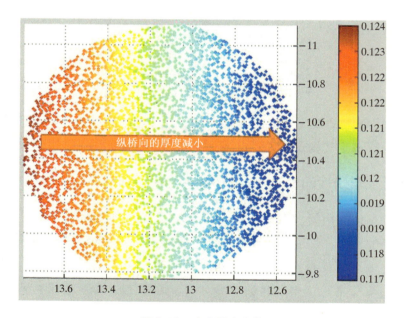

图 9.19　支座厚度变化

第 10 章

跨江缆索支承桥梁空间线形非接触数字化测量

本章以一座千米级跨江缆索支承桥梁为例，介绍了如何利用三维激光扫描技术对包含主梁、桥塔和主缆在内的结构主要构件进行全景建模和精细化变形识别的过程，同时介绍了如何通过激光扫描技术为吊索更换过程进行安全保障。

10.1 应用场景与背景桥梁介绍

跨江缆索支承桥梁作为过江通道系统的重要组成部分，主要包括斜拉桥与悬索桥两种桥型，其主梁、主缆的空间线形是评估桥梁运营状态的重要指标[1][2][3]。由于该类桥梁跨度大、高度高，故传统桥梁检测手段难以实施[4]。更为重要的是，这两类桥梁，特别是悬索桥，通车运营过程中振动明显，跨中振幅可达 1 m[5]，为使用传统检测方法获取桥梁实际线形的准确性带来了极大的不利影响。

本章内容主要介绍利用非接触数字化测量的手段对一座千米级跨径的跨江缆索支承桥梁——马鞍山长江大桥进行主梁空间线形获取。马鞍山长江大桥位于长江中下游的安徽省东部，西起巢湖市姥桥枢纽，东至马鞍山市马鞍山东枢纽，是连接巢湖市和马鞍山市的重要过江通道。

马鞍山长江大桥分为左汊桥、右汊桥两部分，其中左汊桥为本次三维激光扫描

---

[1] 徐世桥,马如进,陈艾荣.大跨悬索桥主缆长期性能评估与分级[J].桥梁建设,2021,51(5)：53-60.

[2] 熊文,魏乐永,张学峰,等.大跨度缆索支承桥梁基础冲刷动力识别方法[J].哈尔滨工业大学学报,2019,51(3)：92-98.

[3] 吉伯海.我国缆索支承桥梁钢箱梁疲劳损伤研究现状[J].河海大学学报(自然科学版),2014,42(5)：410-415.

[4] 周智辉,刘瑞涛,朱志辉,等.基于 ANSYS-MATLAB 联合仿真的大跨铁路悬索桥行车分析[J].交通运输工程学报,2021,21(2)：117-128.

[5] 李永乐,钱逸哲,朱金,等.随机风、车流联合作用下大跨公路悬索桥纵向振动特性研究[J].中国公路学报,2021,34(4)：93-104.

检测的目标桥梁。马鞍山长江大桥左汊主桥（图 10.1～图 10.3）为三塔两跨悬索桥，结构呈对称布置，主梁跨径为 2 m×1 080 m，主缆分跨布置为 360 m＋1 080 m＋1 080 m＋360 m，全长 2 880 m。该桥采用两跨连续体系，主梁与中塔柱及下横梁采用塔梁固结体系。其桥梁立面布置图如图 10.2 所示。中塔为钢-混凝土叠合塔，采用门式框架结构，由上塔柱、下塔柱、上横梁、下横梁及鞍罩五部分组成。中塔上塔柱为钢结构，高 127.8 m，横桥向宽 6.0 m，顺桥向宽达 11 m；下塔柱为预应力混凝土结构，高 37.5 m，横桥向宽达 12 m，顺桥向宽达 25 m；上、下塔柱通过无黏结预应力叠合连接。边塔为混凝土门式框架结构，由塔柱、下横梁、上横梁、塔柱顶鞍罩四部分组成。塔柱为钢筋混凝土结构，高 165.3 m，横桥向宽 6.0 m，顺桥向宽达 10.0 m；上、下横梁为预应力混凝土结构，塔顶鞍罩为钢结构。桥塔整体采用了古朴素雅的门式主塔，在横梁的设计中，萃取徽派文化符号，设计了具有徽派特色的牌坊式造型。

图 10.1　马鞍山长江大桥左汊桥

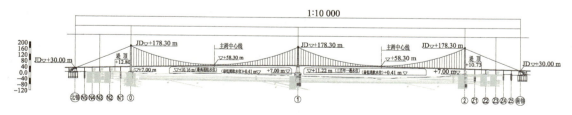

图 10.2　马鞍山长江大桥左汊桥立面布置图

图 10.3 马鞍山长江大桥左汊桥现场照片

主梁线形测量是大型悬索桥桥梁结构进行健康检测的主要内容之一。在大跨径悬索桥运营期间，车辆荷载的长期作用会对主梁线形产生影响，从而导致出现跨中下挠现象。而主梁挠度反映了桥梁结构的竖向刚度，是评价桥梁受力性能的重要因素。因此，实现马鞍山长江大桥主梁线形的快速、精确检测尤为重要。此外，悬索桥桥塔不仅受到巨大的轴向压力，还承受着剪切力和弯矩作用，可能使桥塔发生偏位，因而需要对马鞍山长江大桥进行主塔偏位检测。同时，悬索桥主缆作为主要传力构件，其线形变化也能反映桥梁工作状态的变化，因此，马鞍山长江大桥主缆线形测量也是桥梁检测的工作之一。

10.2 三维激光扫测现场实施方法与辅助设备研发

10.2.1 激光滑移现象与扫测辅助设备研发

1) 主梁扫描测试结果与分析

对于大跨径跨江缆索支承桥梁，国内暂无使用激光扫描设备对其主梁进行数据获取的先例，因此在正式数据采集之前，首先对马鞍山长江大桥主梁进行三维激光扫描测试，通过测试数据的质量分析，对后续扫描工作进程做出指导。

对于纵向跨越长度很大的被测物体，常用的扫测方法为在其纵向位置下方等间距设置多个测站，单测站扫描相近的长度范围且保证相邻测站具有一定的重合度或足够数量的公共参考，然后将单站数据拼接后得到完整的点云模型。但跨江缆索支承桥梁主梁绝大部分位于长江正上方，显然无法使用常规的测站架设方法。经过考察，测站位置选在3个主塔承台以及附近的河滩上，扫描仪扫描距离调整至扫描仪最大量程。主塔承台和现场扫描如图10.4、图10.5所示。

图 10.4　马鞍山长江大桥主塔承台编号

（a）主梁正下方扫描

（b）主梁侧面扫描

图 10.5　现场扫描测试

通过观察测试采集的数据，发现即使在将扫描仪量程调整至大于主梁跨径的情况下，主梁点云数据仍旧缺失严重，主梁点云有效数据的范围仅为承台位置向跨中延伸约 300 m，如图 10.6 所示。在确认扫描仪自身未出现故障且扫描参数设置正确的前提下，分析认为该种数据缺失是由激光滑移现象导致。

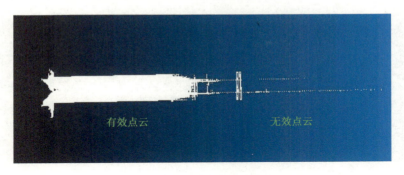

图 10.6　测试主梁点云

三维激光扫描仪获取物体表面点坐标信息的原理简单，是一个从扫描仪内部发射激光到达被测物体表面被反射并被扫描仪接收的过程，当被测物体表面与激光束入射方向垂直或接近垂直时，绝大多数的激光束将被测物体反射而被扫描仪接收，如图 10.7（a）所示。此时被测物体表面对应点云数据完整性较好。当激光束以某一倾斜角度 α 投射至被测物体表面，如图 10.7(b) 所示，部分激光将无法按原路径反射并被扫描仪接收，随着 α 逐渐减小，即激光束与被测物表面平行度逐渐增大时，越来越多的激光束将无法被反射回扫描仪，点云数据的完整性也越来越差。由于设站位置受到约束，激光滑移现象是跨江大跨径桥梁三维扫测过程中无法避免的问题，其存在严重影响了对桥梁构件表面坐标数据获取的完整性与准确性。

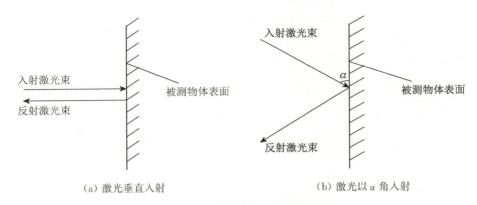

(a) 激光垂直入射　　　　　　　　(b) 激光以 α 角入射

图 10.7　不同角度激光束反射

2) 扫测辅助设备研发

针对因激光滑移现象导致的点云数据残缺的问题，本节提出一种扫测辅助设备用于协助主梁线形识别。由于激光束投射至被测主梁上因角度问题无法原路返回,该辅助设备的原理即为在主梁构件上等间距"生成"一些与激光束垂直或接近垂直的平面,用这些平面中心的坐标数据代替主梁,从而间接得到主梁的空间线形。

该辅助设备为一套辅助标靶套组,利用反射板、连接板组合件、调节连接件以及固定支架组成反射标靶,并利用连接板组合件上的环形槽及调节连接件上的调节螺栓实现反射板多方向、多角度可调,以便调整至与三维激光扫描仪发射激光角度垂直。该套组固定支架的形式及尺寸满足安装于大跨桥梁主梁底板检修车轨道梁工字钢的要求,如图10.8所示。根据安装辅助标靶套组的不同位置,固定支架还可以设置成不同的尺寸及形式,以满足其他构件上的固定需求。

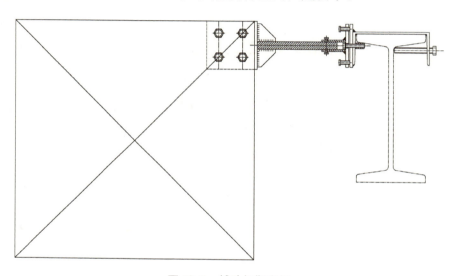

图10.8 辅助标靶套组

不仅主梁数据扫测过程中会出现激光滑移现象,其他桥梁构件可能存在同样的问题。这种标靶套组能够为激光提供一个垂直反射面,突破三维激光扫描识别大跨桥梁构件空间形态时发射激光与被测物体面夹角的限制,在小角度下仍可实现远距离的桥体构件三维激光扫描,从而提高扫测工作效率和准确性。

10.2.2 主梁扫测现场实施方法

跨江缆索支承桥梁主梁线形是评价其运营状态的重要指标。对于马鞍山长江大桥主梁扫测,首先需要将辅助标靶套组稳定固定于桥梁主梁底板检修车轨道梁工字钢上。由于需要通过反射板中心竖向坐标反推相应位置梁底的高程,因此每个标靶套组固定完成后,需要量取反射板中心点到钢箱梁梁底表面的竖直距离。辅助标靶套组的安装与使用短距离激光测距仪对竖向距离测量如图 10.9 所示。

测试扫描结果显示，激光扫描仪可以较完整地获取近桥塔处约 300 m 长度范围内的主梁数据。为节省施工成本，将 40 个辅助标靶等间隔地安装于主梁跨中 600 m 长度范围内的检修车轨道梁工字钢上，该范围即三维激光扫描仪因激光滑移现象而引起的扫描盲区。南、北两跨内标靶套组安装位置如图 10.10、图 10.11 所示。

（a）标靶套组安装

（b）距离测量

图 10.9 标靶套组安装与距离测量

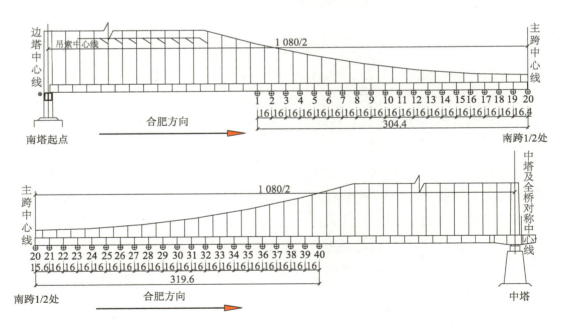

说明：1. ⊕ 为反射板；
2. 数字编号为 1~20 的反射板，反射面朝向南塔；
3. 数字编号为 21~40 的反射板，反射面朝向中塔；
4. 图中单位以 m 计。

图 10.10 南跨主梁反射板安装位置示意图

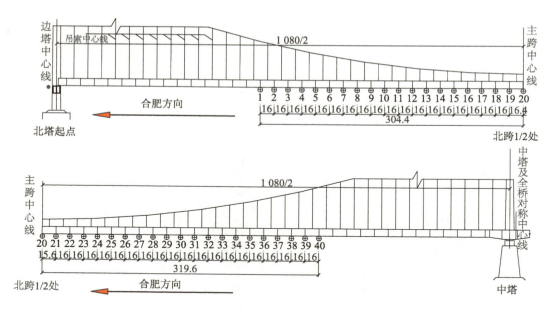

图 10.11 北跨主梁反射板安装位置示意图

待所有标靶套组安装完成后，即可开始进行扫测工作。以北跨主梁与反射板的扫测工作为例，测量点分别设在北塔承台和中塔承台位置。其中，设在北塔承台的测站负责获取近处半跨之内的数据，包括近点主梁底板以及 1—20 号标靶；同理，设在中塔承台测站的测量范围为近点主梁底板以及 21—40 号标靶。图 10.12 为在北塔与中塔承台位置对主梁及反射板进行三维数据获取。

同时，为了提高数据的可参考性，将设置于承台基座的几处高程控制点坐标引入测量点云数据，即将测量点云数据的坐标系与控制点坐标系进行统一，有利于进行成桥状态线形与测量线形的直观比较。此处的做法为，将标靶通过三角对中杆设置于控制点点位，利用三维激光扫描仪获取标靶中心坐标，每个承台位置的所有测站集合中保证测得 4 个控制点数据，如图 10.13 所示。最后使用处理软件相关功能，将二者坐标系统一。

10.2.3 桥塔扫测现场实施方法

跨江缆索支承桥梁主塔作为桥梁重要传力构件之一，其纵横向偏位不仅反映了主塔自身的变形，也体现了桥梁整体的受力情况。通过三维激光扫描技术获取主塔

第 10 章　跨江缆索支承桥梁空间线形非接触数字化测量

图 10.12　承台测站主梁及反射板扫测工作

图 10.13　控制点设置与扫描

点云数据，从中提取桥塔纵桥向、横桥向偏移位移值。

马鞍山长江大桥主塔采用双塔柱门式框架结构，选用四角设站的测量方法，如图 10.14 所示。将单站数据拼接后即可得到桥塔整体点云数据。注意扫描仪需尽量远离主塔，增大激光的入射角，防止因激光滑移现象造成主塔顶端数据缺失。

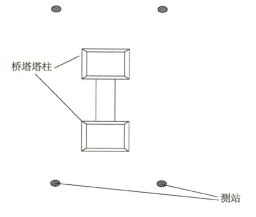

图 10.14　桥塔扫描测站位置

由于需要得到桥塔沿纵、横桥向的偏位，故只有当桥梁点云的纵桥向或横桥向与某一坐标轴平行时，计算得到的偏位才是沿着桥向的真实偏位。所以此处同样需要将测量数据坐标系引入原始控制点坐标系，即扫测时同时需要获取至少 4 个控制点的坐标信息。方法同 7.2.2 节中统一坐标系的相关内容。桥塔现场扫测工作如图 10.15 所示。

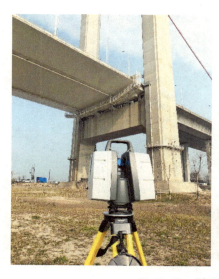 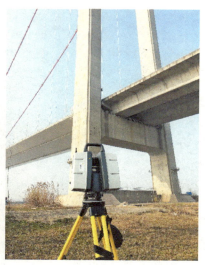

图 10.15　桥塔现场扫测工作

10.2.4 主缆扫测现场实施方法

跨江缆索支承桥梁主缆承受由吊杆传递而来的荷载，并将荷载传递至桥塔，是缆索支承桥梁中重要的传力构件，其竖向线形的变化反映了桥梁的传力情况。通过三维激光扫描技术获取主缆点云数据，从中提取主缆竖向线形数值。

同主梁扫测实施方法一致，由于扫描盲区的存在，故需要在跨中主缆区段安装辅助标靶套组，南、北两跨内标靶套组安装位置如图 10.16、图 10.17 所示。

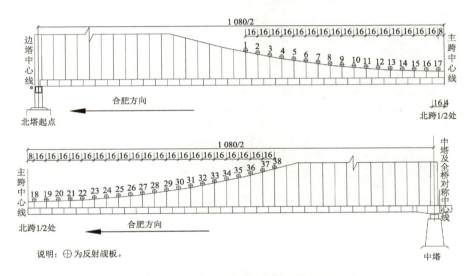

图 10.16　北跨主梁反射觇板安装位置示意图

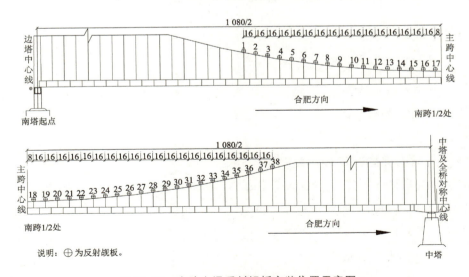

图 10.17　南跨主梁反射觇板安装位置示意图

由于主缆位置与主梁位置相近，边塔位置处的测站设置同主梁扫测实施的测站设置相似，因此测量人员可以在南北塔承台附近架设仪器对主缆进行扫描。不同的是，在中塔承台位置处，因为桥墩对测量视线的遮挡，在承台处无法获取完整的主缆数据。因此，测量人员需要选择在视野更好的中塔桥面平台处进行主缆扫测。边塔和中塔处的主缆现场扫测工作如图 10.18 所示。

图 10.18　主缆现场扫测工作

10.3　跨江悬索桥主梁、桥塔与主缆空间线形精细化识别

10.3.1　主梁空间线形精细化识别

获取主梁测量数据后，分别从点云数据中提取得到梁底的空间线形。此处以 1 号主塔承台处测得的半跨范围内点云模型为例，介绍利用现有数据提取主梁空间线形的方法。

1) 主梁数据完整区段线形提取

该区段为近处不受激光滑移现象影响的主梁底板数据，也是未安装辅助标靶套组的主梁区段。在此区段内可直接从点云数据中获取相应位置的点坐标。提取时应注意的是，需要保证该区段内提取点的横向位置与反射板中心点横向位置相同。由于反射板全部安装于检修轨道之上，其中心点横向位置固定，因此只需确定其中心点距梁底边缘线横向距离 a，如图 10.19 所示，在数据完整区段依据该距离取点即可。纵向位置则按照相邻反射板的距离等间距取点。

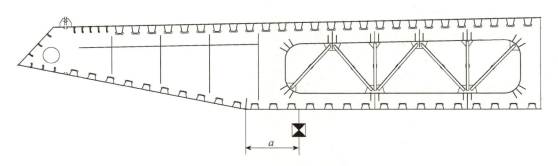

图 10.19 反射板中心点横向位置

2）辅助标靶区段线形提取

该区段可使用的数据仅为反射板点云，由于入射角度垂直，即使距离较远，反射板点云数据也能保持完整、清晰。

依次单独提取反射板点云数据，使用寻找点集重心的方法找到其中心点位置，即可得到实际反射板中心点三维坐标值。利用其中竖向坐标数据 z，再加上现场实测对应板中心到梁底的竖直距离，该纵向位置处梁底的高程坐标即可被精确测得。

3）整体线形分析

将两区段计算所得的梁底测点坐标合并可得整体线形。由于提取点坐标前已经实现了坐标系的统一，因此该整体线形可与成桥状态初始线形进行直接对比，如图 10.20、图 10.21 所示。

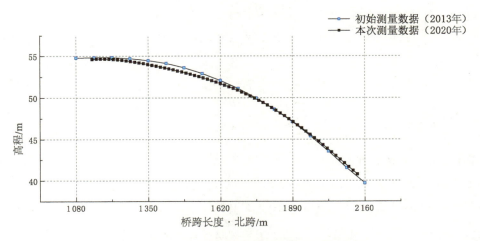

图 10.20 北跨主梁实测线形与成桥初始线形对比

从两图中可以看出，南、北跨主梁实测线形总体较为平顺。同时，通过与成桥初始线形的对比，可以看出靠近主塔部分两条曲线逼近程度较好，越靠近跨中位置，测量线形向下偏离初始线形的程度越大。这一现象能够较好地反映经过多年的

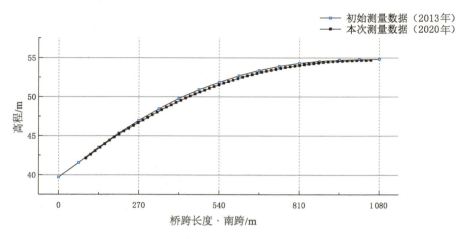

图 10.21 南跨主梁实测线形与成桥初始线形对比

通车运营,马鞍山长江大桥主梁出现一定程度下挠的事实。

值得注意的是,因为单次扫描时激光发射速度较快,而且对于扫描仪工作时的扫描角度来说,主梁作为相对狭长的被测物体,激光发射器旋转略过它的时间很短,因此可以认为被捕获的主梁数据是具有瞬时性的,即单次测量所得到的主梁点云可以认为是"静止"的。线形图中数据较好的平顺程度也能证明这一点。但实际上,大跨径悬索桥在运营状态下处于一种幅度较大的振动状态,单次获取的可能是处于某一位置的振动瞬时状态,并非真实的静止状态。

从跨中位置两条线形曲线差异较小来看,仍然可以认为该次测量线形具有一定的可靠度。不过为了确定更加真实的主梁空间线形,这里建议多次重复整个主梁扫测现场实施方法以及数据处理的过程,以获取多个不同时刻的主梁线形数据,使用求解均值的相关方法得到更为准确的线形结果。

10.3.2 桥塔纵横向空间变位精细化识别

根据 10.2.3 节中所述的桥塔扫测实施方法,数据处理时需要将多个单站点云数据拼接成整体桥墩点云。拼接方法详见 3.3.2 节。桥塔点云模型如图 10.22 所示。

为实现桥塔纵横向空间变位的精细化识别,这里提出一种自动化桥塔点云纵横向测线提取的方法,即在桥塔点云的各个表面都提取一条测线,根据计算测线的角度获取桥塔纵向与横向的偏位。桥塔表面测线位置如图 10.23 所示。

调整坐标系方向和原点位置后,直接根据限定纵向或者横向的坐标截取测线。例如,提取纵桥向测线时,将横坐标的范围限制在桥塔表面的中间位置。桥塔纵向线形即由相应纵桥向测线上等间隔提取的点坐标得到,桥塔横向线形即由相应横桥

图 10.22　桥塔点云模型

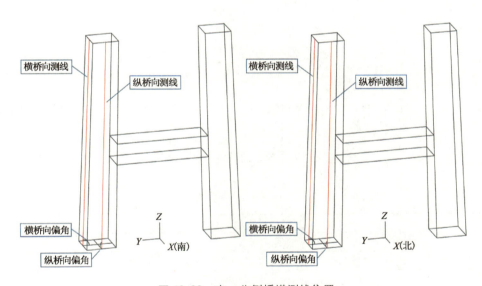

图 10.23　南、北侧桥塔测线位置

向测线上等间距提取的点坐标得到。

图 10.24 表明桥塔表面平顺程度较好，纵向及横向无明显异常偏位。

同时计算两次不同时间扫测工作的桥塔纵横向偏角角度，如表 10-1 所示。当桥塔完全呈竖直状态时，偏角为 90°，倾角为 0°。

表 10-1 中计算得到的左、右桥塔纵桥向偏角角度以及横桥偏角角度差异很小，说明各塔柱左、右侧桥塔处于良好的对称状态。差值反映了与前次测量结果相比，桥塔倾斜角度基本无变化。

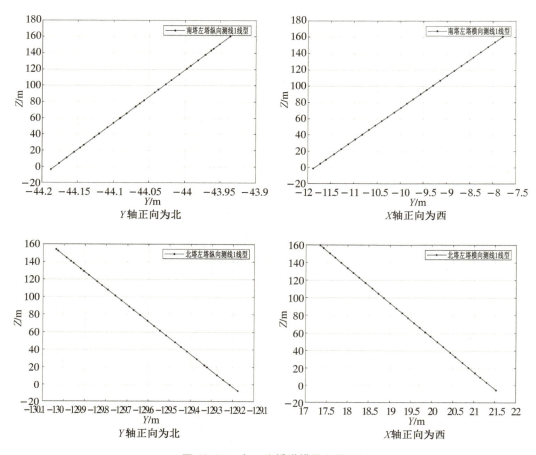

图 10.24　南、北桥塔横纵向线形

表 10-1　桥塔偏角

南塔							
左塔			差值（°）	右塔			差值（°）
测量时间	2021-11	2022-02		测量时间	2021-11	2022-02	
横桥向偏角（°）	88.533	88.552	0.019	横桥向偏角（°）	88.531	88.546	0.015
横桥向倾角（°）	1.467	1.448		横桥向倾角（°）	1.469	1.454	
纵桥向偏角（°）	89.662	89.670	0.008	纵桥向偏角（°）	89.685	89.713	0.028
纵桥向倾角（°）	0.338	0.330		纵桥向倾角（°）	0.315	0.287	
北塔							
左塔			差值（°）	右塔			差值（°）
测量时间	2021-11	2022-02		测量时间	2021-11	2022-02	
横桥向偏角（°）	88.506	88.545	0.039	横桥向偏角（°）	88.513	88.468	−0.045
横桥向倾角（°）	1.494	1.455		横桥向倾角（°）	1.487	1.532	
纵桥向偏角（°）	89.635	89.694	0.059	纵桥向偏角（°）	89.645	89.674	0.029
纵桥向倾角（°）	0.365	0.306		纵桥向倾角（°）	0.355	0.326	

10.3.3 主缆空间线形精细化识别

获取主缆点云数据后,同主梁空间线形识别方法类似,分区段实现主缆空间线形的精细化识别。

1）主缆数据完整区段线形提取

得到完整区段的主缆点云如图 10.25 所示。对于该区段的主缆数据提取,具体实施方法为:从主缆起点位置开始,沿桥梁长度方向等间隔截取主缆截面,利用圆心拟合算法,计算得到每个主缆截面的圆心坐标,如图 10.26 所示。其中高度坐标 Z 即为主缆在该纵向位置处的线形坐标。

图 10.25 完整区段的主缆点云

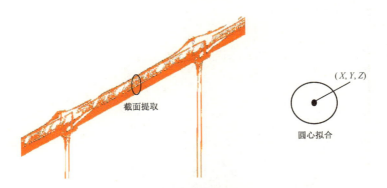

图 10.26 主缆截面提取与圆心拟合

2）辅助标靶区段线形提取

同主梁点云数据处理一致,主缆该区段可使用数据仅为反射板点云得到的数据。单独提取反射板点云数据,使用寻找点集重心的方法找到其中心点位置,即可得到实际反射板中心点的三维坐标值。根据反射板与主缆安装的相对位置,竖向坐标数据 Z 即为主缆该位置处的线形坐标值。

3) 整体线形分析

从图 10.27 中可以看出，各跨上下行主缆线形平顺，南、北两跨线形具有良好的对称性。同时对比发现，南、北跨上下行主缆线形几乎吻合，相同顺桥向位置的上下行主缆高程相差基本在 20 cm 以内，线形无交叉，因此无扭转现象发生。而从图 10.28 中可以判断前后连续两次扫测的主缆空间线形变化较小。

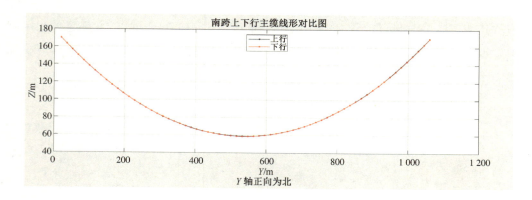

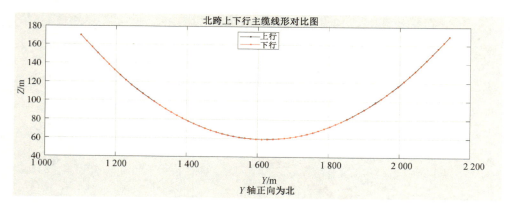

图 10.27　南、北跨主缆线形对比图

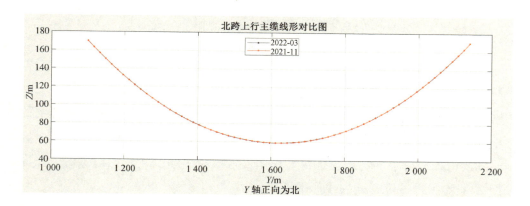

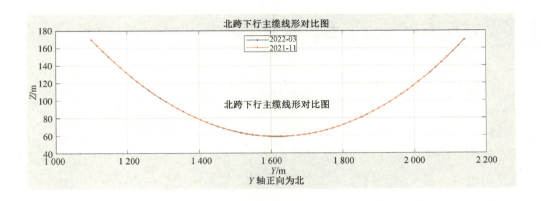

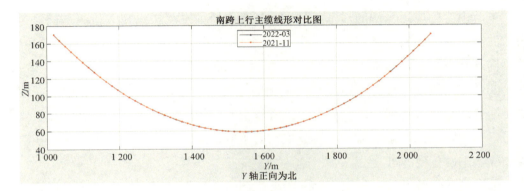

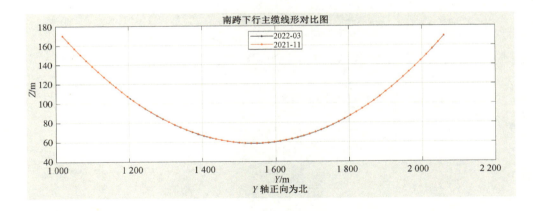

图 10.28　两次扫描主缆线形对比图

根据主缆线形曲线差异较小的结论分析可以认为该次测量线形具有一定的可靠度。不过为了确定更加真实的主缆空间线形，同主梁扫测相同，可以多次重复整个扫测现场实施方法以及数据处理的过程，获得多个不同时刻的主缆线形数据，使用求解均值的相关方法得到更为准确的线形结果。

10.4 跨江悬索桥吊索更换空间线形变化识别与监控

10.4.1 跨江悬索桥吊索更换及过程

跨江大跨径悬索桥吊索作为主缆和主梁间的传力构件，其外观形态、应力及位移状态监测是桥梁定检过程中的关键步骤[①]。对于出现上述问题且经过评估达到更换条件的吊索，需要对其进行及时的更换，防止桥梁由于多处局部传力过程失效而对全桥受力产生不利影响。

本节内容的应用实例同样基于马鞍山长江大桥的左汊桥。相关检测部门经过对吊索的全面评估，确定了10余根需要进行更换的吊索。而在更换时的不同阶段内，桥梁局部状态的监控是必不可少的，检测部门已经在需要更换的及其左右相邻的吊索上安装了拉线式位移计，通过物理检测的手段实时读取吊索长度的变化。此外，还需通过磁通量传感器对吊索应力水平进行实时监控。但这两种方法都无法实现更换吊索不同阶段的缆梁局部空间线形识别与监控，而这正是最终验收吊索更换后桥梁局部状态的重要标准之一。

吊索更换的整体过程如图10.29所示。具体来说，吊索更换采用单吊点张拉释

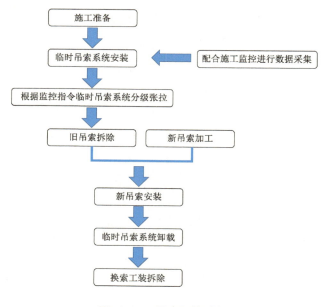

图10.29 吊索更换过程

---

① 马召宇,许福友,檀永刚.悬索桥空间缆索实用找形方法[J].计算力学学报,2021,38(5)：651-657.

放吊索索力后拆除更换的方式。根据监控指令，要求分级同步张拉临时吊索至拆除状态，新吊索更换后分级同步均匀卸载临时吊索，使新吊索参与受力。

10.4.2　基于三维激光扫描的吊索更换过程缆梁空间线形识别

1）现场扫描实施方法

根据吊索更换过程，将三维激光扫描工作分为3个阶段进行：初始阶段（安装临时吊索前）、张拉阶段（张拉临时吊索至100%张拉力）、最终阶段（新吊索安装完毕，临时吊索拆除）。通过获取3个时间节点的缆梁点云数据，比较缆梁空间线形的变化，以此对更换过程中的缆梁线形做出实时监控。

开始扫描前，同样需要在桥梁相应构件上安装辅助标靶以获取更为完整的点云数据。对于单根吊索，此处选择的安装位置为吊索上方主缆，以及吊索下方的桥梁栏杆之上，以上方反射板中心点代替主缆对应点，以下方反射板中心点代替主梁对应点，如图10.30所示。此处辅助标靶的固定支架形式已做调整，以便能将其稳定地固定于构件上。

(a) 桥梁栏杆位置标靶安装

(b) 主缆位置标靶安装

(c) 安装效果示意

图 10.30　辅助标靶安装

扫描位置参考7.2.2节中主缆扫描时的测站位置,尽量在横向上偏离桥梁,注意保证激光束不被树木等环境物体遮挡。图10.31为正在对目标反射板进行测量的扫描仪。

图10.31 目标反射板扫测

2)基于多次测量数据的缆梁局部空间识别

三维点云数据获取的时间点已经根据工作需求被分为3个不同阶段,即安装临时吊索前、张拉临时吊索至100%张拉力后、新吊索安装完毕后分别进行扫测工作。由于桥梁振动,3次获取的数据无法保证处于同一位置,这将会造成前后线形的不可比性。

为了解决这个问题,这里提出一种基于多次测量数据的缆梁局部空间识别方法,具体做法为:某个阶段的测量在设置完成扫描角度后,连续测量20次左右,利用短时间内获取的多个线形形态,使用合适的算法寻找到真实的线形状态,这样得到的3个阶段空间线形才具有直接可比性。

该方法的可行性主要由以下两点保证:原理上,单次扫测得到的数据可认为是瞬时静止的,在数据数量足够的情况下,与真实线形接近程度越大的测量线形占总体样本数量的比例也越大,显然利用该原则找寻真实线形具有可行性;技术上,由于被测物距离较远且范围较小,单次扫测时间很短,一般在2 min之内即可完成一次数据获取,所以虽然扫描次数较多,但总体测量时间并不会过长,也不会影响更换吊索的施工过程。

单次获取的三根吊索对应6个辅助标靶点云如图10.32所示。

图 10.32 单次扫描反射板点云图

根据前文提到的多组数据中与真实线形接近程度越高的测量线形占总体样本数量的比例也越大的原理，对于辅助标靶，它的位置也应遵循这样的原则。将单个反射板某个阶段所有测站数据叠加后，如图 10.33 所示，越靠近反射板中心，点的密度越大，这种现象可以证明该原则的正确性。

图 10.33 多个测站点云数据叠加

在反射板尺寸已知的条件下，使用同尺寸的方形框"套"图 10.33 中的点集，注意保证方形框底边水平。同时循环计算框内点的数量。当方形框处于某一位置，框内点数量达到最大时,则可认为该位置为现有数据条件下反射板真实位置的最优解。此时,该方形框中心坐标即为所得实际反射板中心坐标。

图10.34及图10.35展示了某根吊索更换过程中3个状态的缆梁线形结果。

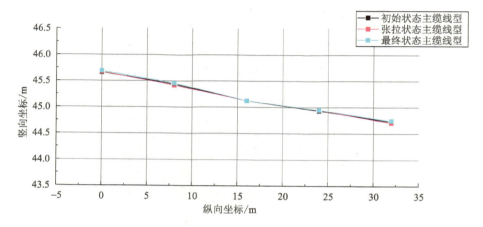

图10.34 三个阶段主缆线形对比

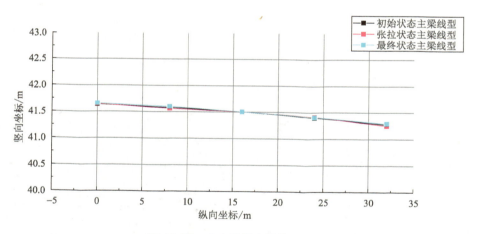

图10.35 三个阶段主梁线形对比

由图可知,3个阶段以反射板中心点代替的主缆线形和主梁线形仅发生微小变化,单点竖向位移变化基本在2 cm以内。说明在更换吊索的过程中桥梁缆梁局部线形变化符合验收要求,也间接证明了该种方法用于大跨径悬索桥吊索更换工程的可靠性。

使用三维激光扫描技术不仅可以对大跨径跨江悬索桥构件进行整体数据获取,而且针对振动幅度较大的局部位置,仍然可以通过多次测量的方法,利用主梁局部振动规律,确定局部线形的真实解。